JIMMY MPATO

CITOYEN (NE) CELESTE

JIMMY MPATO

CITOYEN (NE) CELESTE

Éditions Croix du Salut

Publisher:
Éditions Croix du Salut
is a trademark of
Dodo Books Indian Ocean Ltd. and OmniScriptum S.R.L publishing group

120 High Road, East Finchley, London, N2 9ED, United Kingdom
Str. Armeneasca 28/1, office 1, Chisinau MD-2012, Republic of Moldova, Europe
Managing Directors: Ieva Konstantinova, Victoria Ursu
info@omniscriptum.com

Printed at: see last page
ISBN: 978-620-6-17008-2

Citoyen(ne) céleste

Par

Jimmy MPATO MANGA

Sommaire

Au Seigneur Jésus-Christ, Lui qui nous a promis sans mériter cette merveilleuse place.

Si tu n'étais pas là Jésus ?

A mon Père Petrus MANGA, d'heureuse mémoire et Ma mère Monique IYOKO

REMERCIEMENTS

Nos remerciements à toutes les personnes qui de près ou de loin ont contribué à la réalisation de ce livre. A ma charmante épouse ESTHER MULONGO MPATO qui ne cesse de prier pour et avec moi, aux couples Pastoraux Yves et Nadège BAMPILE Innocent et Francine TALAMA, Blanchard et Blandine LOBAY, Billy et Christine NKONO pour leur appui spirituel et leurs encadrements. Au couple Parrain Jules et Horlyne ILANGA, Aux couples amis Belmons et Solange NSANGI, Joël et Bénie BONYOMA, Jérémie et Dénancy ILUKA, Rodrigue et Odettia NAKASALA, Emmanuel et Lydie KITETE, Jean-Claude et Modestine YAV, Johnny et …IKWA. Aux couples Jean Luc et Niclette BEKAMA, Georges et Cathy Ndjoli. A vous aussi Déborah OKOLEWAE, Joyce OKOLEWAE, Rose Mayanga, Mimi ISEKWA, Junior MBOYO, Jaelle BESONGO, Héritier NKOY et Fiston LONKE, Schadrack BONTAMBO, Chris TOKIM.

Nos remerciements sincères à toute l'Eglise Centre Evangélique Francophone La Borne/Boende qui a servi de champs d'expérimentation pour ce livre ainsi que tous les membres de l'Union Musicale de ladite église pour leurs encouragements.

« Quant à nous, nous sommes citoyens du royaume des cieux : de là, nous attendons ardemment la venue du Seigneur Jésus-Christ pour nous sauver. » (Philippiens 3.20 version du Semeur).

Depuis la nuit de temps Dieu a démontré qu'il est un grand Roi mais qui cherche à vivre en harmonie avec son peuple. En effet, Dieu a créé Adam et Ève tout en leur demandant de le suivre et vivre dans l'obéissance à sa parole afin de lui appartenir. Après la désobéissance de ce dernier, et par ricochet, de toute l'humanité, Dieu s'est formé un peuple en Jacob (Lévitique 26.12) et lui son Roi. Nous voyons donc ici un royaume dirigé par le Roi qui est Dieu lui-même et les citoyens de ce royaume c'est son peuple.

Venant sur terre, le Seigneur Jésus a rassemblé un groupe de personnes qui, non seulement devraient vivre comme citoyens du royaume céleste mais également de ceux qui devraient étendre ce royaume à d'autres. Il est donc venu recruter les citoyens du royaume céleste dont il est lui-même Roi et des gens qui devaient vivre en conformité aux lois de ce royaume.

À la fin de toute choses, Dieu rassemblera les humains de toutes races, de toute tribus et de tous les horizons ayant vécus sur terre comme des citoyens célestes pour adorer le prince qu'il est lui-même. Ces citoyens dont parle Apocalypse sont ceux qui ont soumis leurs vies au Roi céleste bien que vivant encore sur terre, ceux qui ont gardé leurs robes blanches sans les souiller et ceux sur qui les principes de la terre n'ont pas eu grande influences. Ils étaient donc citoyens céleste dans une terre étrangère et vivaient le ciel sur la terre.

Citoyen (ne) céleste est un manuel qui redonne encouragement et réconfort à tout enfant de Dieu désireux de vivre une vie plaisante à son Roi bien que vivant encore sur terre au milieu de toute tribulation et vivant des hauts et des bas. Il offre, lors de sa lecture, une randonnée éblouissante retraçant les merveilles de Dieu pour tout celui qui a donné sa vie à Jésus et cherche à plaire au Roi qu'il représente sur terre. Ce livre met tout enfant de Dieu vivant sur terre devant ses responsabilités en tant qu'ambassadeur du royaume céleste par sa vie sainte et son témoignage. Ce manuel nous encourage enfin, à tenir ferme dans la vie sachant que dans peu de temps l'heure du retour à la maison sonnera et nous irons vivre à coté de notre merveilleux Roi qui revient très bientôt.

Jimmy Mpato Manga est, pour moi, un ami, un frère et un concitoyen du royaume des cieux. Ce qui importe le plus, il fait partie de ceux qui attendent assidûment le retour de notre Maître en vivant une vie saine. À travers ce livre il a justement traduit son cœur en écrits afin de vous permettre de voir cette facette de la vie chrétienne tout en vous mettant devant vos responsabilités. Il cherche, par sa plume, à motiver tout enfant de Dieu à se conformer à la vie céleste bien que vivant sur terre.

Alors, si vous lisez ce livre, ce que vous êtes encore sur terre, l'enlèvement n'a pas encore eu lieu et que vous n'êtes pas encore rentré à la maison. Vous devez savoir que vous êtes pèlerin sur une terre étrangère et que bientôt vous allez rentrer à la maison ; vie comme un (e) Citoyen (ne) céleste.

Innocent TALAMA DJAMBA.

Pasteur de l'Eglise CEF LA BORNE CITE PARADIS (KISANGANI)

Introduction

Il y a plusieurs demeures dans la maison de mon père. Si cela n'était pas, je vous l'aurais dit. Je vais vous préparer une place (jean 14.2), telle est la réponse de Jésus-Christ à ses disciples, qui jusque-là, l'ont suivi et se sont contentés qu'aux choses de la terre comme des miracles, les délivrances, les guérisons et toutes les autres choses qu'ils ont vécus. La Bible ne précise rien mais en la lisant nous avons comme l'impression que les disciples réduisaient la finalité aux choses terrestres. Cette réponse de Jésus vient révéler et donner l'idée du plan final de Dieu pour son peuple et, en particulier, pour l'homme qu'Il a tant aimé. La terre n'est pas la finalité, elle est un transit de chaque personne. Cela montre également que le souci de Dieu c'est de voir l'homme retrouver son identité originelle et initiale, celle de la ressemblance à Dieu, qui est son image parfaite. C'est aussi d'aider l'homme à retrouver sa collaboration avec Lui son créateur (Genèse 1.26-27).

Pour cela, Dieu a envoyé son fils sur la terre pour rétablir le lien qui autre fois a été brisé par la désobéissance de l'homme vis-à-vis de Dieu en transgressant sa loi. Après le rétablissement de cette relation, donc une réconciliation avec Dieu, ce dernier a, dans son amour infini pour l'homme, créé une nouvelle résidence qui permettra à l'homme de vivre son éternité avec Lui. C'est le ciel.

Dr. Jimmy MPATO

Conducteur du culte et Prédicateur de l'Evangile

Venez voir

Venez voir

Venez ! venez !!

Venez voir la naissance d'un bébé

Venez voir la naissance de la lumière

Venez voir l'étoile qui brille

Venez danser pour **JESUS**

Venez chanter pour le **« JE SUIS »**

Venez adorez « **le Fils unique de Dieu** »

Venez voir !

Venez voir la joie

Venez avec la foi

Venez recevoir la vie

Venez ouvrir la vue

Venez ! venez ! venez voir

Venez voir **JESUS**

I.   Raisons du ciel et non la terre

Quoi que nous soyons bien sur la terre, étant des citoyens célestes, nous ne sommes pas de cette terre, nous n'appartenons à ce système corrompu, nous avons le devoir de resplendir comme la lumière du ciel sur la terre. Nous devons vivre le ciel sur la terre. Permettez-moi de commencer, tout de suite, par une question « pourquoi ne pouvons-nous pas vivre notre éternité sur la terre ? » si cette question m'était posée, j'y répondrais à deux temps :

Au Premier temps, lorsque tout va bien, lorsque tout se déroule normalement comme sur les roulettes, lorsque je travaille avec un bon salaire, lorsque je suis marié à l'homme ou la femme que je voulais donc l'homme de mes rêves ou la femme de mes rêves, quand j'ai des beaux enfants, un ministère puissant, le Seigneur opère des miracles par moi ou je possède des entreprises, des richesses en abondance… alors je répondrai restons sur la terre.

Lorsque nous considérons le développement du monde actuel, l'évolution de la technologie, de la science, la rapidité dans la communication et dans le transport, la construction des autoroutes, des ports, des aéroports, des avions et avions porte-avions, le TGV, des gratte-ciel. Considérant également les richesses qu'amassent les églises qui, autrefois n'avaient pas assez de moyen pour prendre en charge leurs missionnaires ; actuellement elles ont amassé de l'argent de sorte que la mission devient un rêve pour le serviteur pensant aux gains matériels. Aujourd'hui les églises ont des imprimeries, des écoles, des universités et instituts supérieurs ; toutes ces choses admirables et merveilleuses faut-il vraiment les laisser en tout cas ? en plus le ciel dont il est question nous ne le connaissons même pas.

Je ne connais pas le ciel, j'essaie d'imaginer la description de celui-ci mais je ne trouve aucune exactitude. Donc en regardant les merveilles de ce monde ainsi que son évolution en éclaire, ayant une descente et n'ayant aucune description du ciel, je conclurais « restons sur la terre ».

Au Deuxième temps dans la situation où tout va mal, ou tout semble profondément embourbé, ou encore tout nous échappe entre les doigts, quand je suis dans les situations difficiles, je suis sans emploie, j'ai une maladie sans possibilité d'être guéri, une stérilité qui m'assaille, je suis sans abris, rejeté, quand manger devient un miracle, lorsque je manque même de quoi me déplacer, lorsque les catastrophes naturelles viennent et ravagent tout sur leurs passages, lorsque les guerres viennent et déciment tout ce que j'ai aimé, lorsque je suis victime d'une injustice flagrante, malgré toute l'évolution de ce monde je répondrai directement « allons au ciel » car la terre me maltraite.

Mais dans les deux situations, mon appréhension reste erronée car elle est dictée par les situations et les conditions de la vie, il faut savoir que le choix du ciel n'est pas déterminé par les situations de la vie ou encore ce ne sont pas des situations de la vie qui déterminent notre choix vers ce beau palais qui est le ciel. En plus le ciel n'est pas premièrement le choix de l'homme mais le cadeau de Dieu pour lui. Ensuite vient son choix d'accepter ou non ce cadeau. En outre le ciel, le salut et l'éternité qui sont des cadeaux merveilleux et précieux de Dieu pour l'homme nous les obtenons par la grâce au moyen de la foi. Ajoutons que notre vie sur terre ne dépend pas de notre richesses ni de notre pauvreté mais de notre foi. La Bible déclare : « le juste vivra par la foi » (Habacuc 2.4b). Ansi, que nous soyons dans l'abondance ou que nous soyons dans la disette, c'est notre foi qui nous fait vivre en Jésus et par lui nous avons accès au ciel. En lisant la Bible nous avons, à notre niveau, trouvé deux raisons quoi qu'elles puissent être nombreuses, du choix du ciel et non la terre.

- **La terre est vouée à la destruction**

Aborder ce sujet paraîtra utopique pour beaucoup surtout devant le confort vers lequel s'avance petit à petit le monde actuel. Les prédictions des certaines religions convergent pour la destruction de la terre malgré leurs incertitudes du moment même de ce jour que la Bible appelle : le jour du Seigneur. Donnons le regard biblique à ce sujet. Déjà dans le livre de Genèse 3.17b, Dieu dit « le sol est maudit » depuis ce jour la terre a été condamnée à la destruction. Le péché entrant dans le monde, il a dévitalisé la terre. Il enleva la substance qui fit d'elle productrice de la verdure. Elle devient ainsi productrice des épines et des ronces.

Déjà à l'époque de Noé Dieu regarda la terre et vit que cela ne valait absolument rien car elle était corrompue, corrompue par le diable et cela par la corruption de l'homme que Lui le Créateur avait laissé comme administrateur ou gestionnaire de celle-ci. Par conséquent il décida d'exterminer toute l'humanité. Dieu, dans son amour, orchestrera une opération de sauvetage pour l'homme en envoyant Jésus-Christ pour sauve l'humanité de cette terre condamnée de disparaître. Dans Jérémie 4.23, la bible dit « Je regarde la terre, et voici elle est informe et vide ; les cieux et leur lumière ne sont plus. Dieu le créateur a regardé la terre qu'Il avait lui-même créé et la trouve comme à l'origine, informe et vide. Dieu avait regardé la même terre dans Genèse 1.2 elle était informe et vides et Il dit que la lumière soit et la lumière fut… (Genèse 1.3).

Mais cette fois ci le Créateur décide autrement. Il décide de laisser la terre qu'il a lui-même formée, façonnée et même décorée et remplies des richesses inestimables. Parmi les questions les plus frappants de Dieu à l'homme, demeurent celles qu'Il a posées à Job : « où étais-tu quand je fondais la terre ? ...qui en a fixé les dimensions ? Job 38.4-5. A ces questions Job ne puit répondre. Cela a montré la paternité créationniste de Dieu. Mais Il décide autrement, il décide de la détruire. Car elle ne mérite plus de contenir et d'héberger son peuple racheté. Son peuple mérite mieux qu'une terre maudite.

C'est même par ce texte que nous avons ouvert ce livre, le texte de la promesse du maître, Jésus-Christ « il y a plusieurs demeures dans la maison de mon Père (Jean 14.2) » qui nous montre le changement de la résidence finale, un changement de l'endroit où nous allons vivre notre éternité avec Jésus sans soucis. La terre avec tout ses ornements passeront comme un fracas, elle est considérée comme vieille et sans importance dans l'avenir. L'apôtre Jean dans sa vision rapportée dans la Bible dit ce qui suit « ...le premier ciel et la première terre avaient disparus et la mer n'était plus. Apocalypse 21.1.

- La beauté et l'éclat du ciel

La beauté du ciel ainsi que son éclat dépassent les entendements humains. L'histoire du ciel et nous est semblable ou sera semblable à celle du Roi Salomon et la Reine de Séba. Elle a entendu parler du Roi Salomon de par sa sagesse et ses richesses. Elle fait la curieuse pour aller éprouver la sagesse et voir la prétendue richesse dont on parle de ce roi étranger. La richesse donnée par l'Eternel Dieu. Lorsque la Reine arrive, elle découvre que la richesse ainsi que la sagesse telles que décrites par les gens de son pays n'étaient même pas à la cheville de ce qu'elle voit.

Comme pour dire que ceux qui l'ont rapporté l'histoire n'ont pas décrit même la moitié de la richesse et de la sagesse réelles de Salomon. Maintenant qu'elle devient elle-même témoin, elle peut mieux décrire avec exactitude l'immensité de la sagesse ainsi que la richesse de ce roi mortel, le roi Salomon (2Chroniques 9.1-6). De même que le peuple n'a pas pu décrire l'immensité de la richesse et de la sagesse du roi, de même nous, de tout ce que les hommes nous ont renconté de ce qu'est le ciel et de ce Dieu, nous n'avons que des connaissances partielle et rudimentaire de ce ciel. Aucune prédication, aucune vision, ou témoignage ne peut décrire avec brio l'éclat et la beauté du ciel. Même la Bible ne le décrit pas totalement. Chacun de nous devra se donner l'objectif celui de voir lui-même ce ciel. L'apôtre Paul dans la lettre aux corinthiens 13.9-10 déclare : « car nous connaissons en partie, et nous prophétisons en partie, mais quand ce qui est parfait sera venu, ce qui est en partie disparaitra ». Ce qui est vrai c'est que quand Christ reviendra nous prendre, alors que nous aurons accès au ciel nous serons agréablement surpris de voir que ce que la Bible nous a dit, ce que les aînés dans la foi nous ont prêché, les témoignages donnés même les visions n'étaient que rudimentaires.

Actuellement chaque chrétien s'imagine son ciel. La manière dont il sera, les ornements, l'architecture, l'habitation ; mais temps viendra où tous comme un seul homme allions découvrir, la beauté et l'éclat de cette merveilleuse cité. Parlant de sa beauté dans la bible, Apocalypse 21.2 décrit l'origine de la nouvelle Jérusalem « …qui descendit du ciel d'auprès de Dieu. Et la compare avec une femme qui s'est ornée, qui s'est bien arrangée pour attendre son mari. Et aux versets 11-27 on décrit ce que sera cette cité tant rêvée, cette cité que chacun se donne une image personnelle. Dans ce livre d'apocalypse on décrit les fondements des murailles (Apocalypse 21.19) et là le livre donne les douze pierres précieuses que constituent ce fondement. Mais cela ne décrit toujours pas suffisamment la beauté du ciel. En tout cas après la lecture ce livre dans ses chapitres vingt et unième, le ciel vaut mieux que cette terre corrompue et productrice des ronces et épines.

Amour infini

Car Dieu a tant aimé le monde

Oui Il a aimé le monde d'un amour infini

Dieu nous a donné

Il nous a donné son Fils unique

Le cadeau le plus précieux

Et ce fils est né

Noël, la naissance du Fils unique

Noël, l'amour infini de Dieu

Avant de répondre à cette question, il nous paraît judicieux de répondre à une sous question « qui est potentiellement citoyen céleste ? » A cette sous question, tout homme et toute femme est potentiellement citoyen céleste. Dans l'évangile de Jésus-Christ selon Jean, Christ Jésus aborda un échange avec un docteur de la loi et pendant leur échange, Jésus-Christ va révéler le plan merveilleux de Dieu pour l'humanité ainsi que la possibilité de devenir citoyen(ne) céleste. Jean 3.16 « Car Dieu a tant aimé le monde qu'Il a donné son fils unique afin que quiconque croit en lui ne périsse pas mais qu'il ait la vie éternelle ». Ce verset présente la cause de la venue de Jésus sur la terre et c'est bien clairement élucidé l'amour de Dieu pour l'humanité. Il présente également le visa pour passer de citoyen(ne) terrestre au citoyen(ne) céleste. Analysons ce beau verset « car Dieu a tant aimé le monde… » cette expression qui démontre la cause de la venue **du premier citoyen céleste, l'amour de Dieu.**

Cet amour est et demeure sans pareil, sans comparaison, sans ressemblance, il est infini, immense et grand. Et c'est cet amour qui l'a poussé à agir en voyant l'état dans lequel se trouve l'homme qu'Il a créé à son image. Il faut savoir que Dieu ne nous aime comme personne ne peut le faire. « …qu'Il a donné… » l'amour de Dieu n'est pas limité dans les idées et théories sans fin mais par la démonstration avec les actes de sauvetage pour l'homme. Depuis la chute, Dieu avait déjà préparé un plan du salut pour l'homme déchut. Et même avant la fondation du monde Dieu avait toujours un plan B pour sauver l'homme. C'est pourquoi à la démonstration de son amour Il donne. Car l'amour ne consiste pas à dire mais à poser des actes qui démontrent que l'amour existe. L'amour de Dieu nous est démontré par son don le plus précieux, lequel son Fils unique. Là n'est pas le problème car le Père a déjà fait le don. Le verset continue en disant « …afin que quiconque croit en Lui… » c'est là le vrai problème, car si le don a été donné, il reste à chacun d'accepter le don gratuit de Dieu.

Donc à la petite question posée nous disons à la lumière de la parole de Dieu que toute personne est potentiellement citoyen (ne) céleste ; mais à la question, un citoyen(ne) céleste est toute personne qui a reçu Jésus comme Seigneur et Sauveur personnel de sa vie. Le problème est que l'expression recevoir Seigneur Jésus comme Seigneur et sauveur reste banderole.

Car quelqu'un dira je pars à l'église, je donne les dîmes et offrandes, j'ai des responsabilités à l'église, je prêche, je prophétise, je suis femme, mari, fils ou fille du pasteur, je me connais avec les grands pasteurs de la contrée, c'est bon bien tout ça, je suis d'avis avec vous, mais cela n'enlève à rien que vous restiez païen en d'autres mots cela n'enlève pas l'équivoque. Alors redéfinissons la conversion. En relisant mon cours de l'organisation du culte dans son chapitre sur l'adoration et nouvelle naissance, on a évoqué les cinq points essentiels pour estimer qu'une personne est convertie. Même alors ceux-ci ne sont pas totalement sûrs. Néanmoins ils donnent une idée.

1. Le fait de se séparer du péché, dans l'histoire que Jésus rencontre de la parabole du fils prodigue, après avoir reconnu son état, il a décidé de ne plus se retrouver dans son ancienne vie. Luc 15.18 ;

2. L'incapacité de pécher volontairement, lorsque l'on devient enfant de Dieu, on ne pèche plus volontairement. On peut broncher, mais nous ne faisons pas du péché notre métier.

3. S'attrister profondément et sincèrement lorsqu'on pèche

4. Être régénéré du Saint Esprit, car celui-ci nous rend capable de vivre sans péché et de remporter les victoires sur les péchés.

5. Mener une nouveauté de vie, vivre une vie nouvelle, tourner les dos aux péchés. En bref tous ces points se résument en deux points :
   ✓ Se repentir
   ✓ Vivre une nouveauté de vie remplie du Saint Esprit

En résumé un citoyen céleste ou une citoyenne céleste est une personne qui s'est repentie et vit dans la sanctification dans sa nouveauté de vie remplie du Saint-Esprit, veillant chaque jour à celle-ci. Paul dit à ce sujet : « Mais je traite durement mon corps et je le tiens assujetti, de peur d'être moi-même rejeté après avoir prêché aux autres ». 1 corinthiens 9.27

Etoile du matin

Le ciel était noir

La terre était obscure

Les anges étaient au ciel

Les hommes sur la terre

Soudain !!! apparait une étoile

L'étoile qui brille

L'étoile qui éclaire

L'étoile que les mages ont suivie

L'étoile du petit matin

La naissance glorieuse et humble du **MESSI**

Cette étoile qui éclaire mon cœur

Cette étoile c'est **JESUS**

III.   Missions du citoyen ou de la citoyenne céleste

Lorsque nous devenons citoyen(ne) céleste, nous nous sommes engagés dans l'entreprise de notre Papa, laquelle le royaume de Dieu. Nous ne restons pas oisifs croisant les bras. Parlant du royaume de Dieu c'est un royaume du déjà et de pas encore. Selon le cours de l'organisation du culte. Cela veut dire que le royaume de notre père existait, existe et existera ; comme pour dire le royaume était, le royaume est et le royaume vient. Nous vivons dans le royaume était et le royaume est. Pour cela chaque citoyen(ne) céleste a une mission spéciale et spécifique individuellement et des missions qui doivent être le fruit des efforts conjugués des plusieurs membres. Nous avons plusieurs missions, mais ici nous allons seulement aborder deux missions que nous trouvons incontournables et essentielles, l'Adoration et l'Evangélisation. Il est par ailleurs évident que les deux missions évoquées font parties des sujets les plus et le mieux développés dans nos églises ; soit par les enseignements formels ou les prédications. En outre plusieurs ouvrages les traitent raffinement avec détail.

3.1. L'adoration

Parlant de l'adoration, il y a actuellement plusieurs enseignements autour qui sont donnés. Néanmoins nous pouvons ici rappeler quelques notions essentielles et non exhaustives. Sans parler de l'adoration du temps des patriarches (Abraham, Isaac et Jacob) et avant eux, nous voyons déjà dans le livre d'exode l'importance que Dieu accorde à l'adoration pour le peuple qu'Il rachète. Parmi les choses frappantes de ce livre c'est que lorsque Dieu demande à Moise de dire à Pharaon la raison principale de la libération de son peuple c'est pour l'adorer et plusieurs fois Il insiste sur le sujet. (Exode 5.1, 7.16, 8.1, 7.26, 8.20…)

Cela me tique, comment Dieu peut délivrer tout un peuple seulement pour l'adorer ? surtout que moi je pensais que l'adorer c'est seulement chanter. Plus tard lorsque Dieu parle aux enfants d'Israël, il s'inquiète et ne pas content de leur adoration. Il dit « quand ce peuple s'approche de moi, il m'honore de la bouche et des lèvres, mais leur cœur est éloigné de moi, et la crainte qu'il a de moi n'est qu'un précepte de tradition humaine (Esaïe 29.13). Dans ce cas je commence à me révolutionner pour chercher le vrai sens du mot adoration. En questionnant les langues d'origines de l'adoration, plusieurs mots convergent pour expliquer l'adoration ou service, que cela soit en hébreu ou en grec. Mais de tous ces mots deux m'ont intéressé. Il s'agit de Avadh et Hishtahawa.

- Avadh, ce mot grec se traduit littéralement par *obéissance, service*. L'adoration devient alors un service rendu par un serviteur obéissant. Tout ce que nous faisons au culte en termes de service rendu, est une adoration. Balayer, arranger les instruments, électrifier l'église, donner les annonces, filmer, prendre les images, prêcher, donner les offrandes et dîmes, ou n'importe quoi à l'église devra être compris comme une adoration. Au-delà de l'église notre service dans les domaines séculiers, est une adoration. Comme serviteur nous devons adorer Dieu dans nos services et dans ce que nous faisons en tout lieu et en tout temps (Ephésiens 6.5). A ce sujet le mot serviteur a perdu son vrai sens actuellement. Ne remarquons-nous pas les serviteurs qui sont devenus des patrons et des commanditaires ? dans ce cas encore nous allons questionner les autres langues d'origines concernant ce mot. Ce mot en hébreu à quatre mots racines : *Ebed, Diakonos, Doulos, et Tsava*. Nous allons ici parler seulement de deux derniers, sachant que les quatre ont les mêmes convergences.

- Doulos : c'est-à-dire esclave, ce qui est vrai dans notre siècle et dans nos milieux actuels je ne peux décrire les conditions de travail d'un esclave. Néanmoins l'histoire nous relate parmi les choses importantes concernant les esclaves d'autres fois ce qu'ils n'avaient droit aux questions. Ils exécutaient des travaux extrêmement difficiles sans poser la question. Ils ne pouvaient revendiquer quelque chose.

   Ils travaillaient sans savoir l'heure du repos, c'est le maître qui décide de leur repos. Ceux qui étaient têtus avaient des bras coupés, des membres désarticulés c'est horrible non ! mais notre maître le Seigneur Jésus-Christ, n'est pas comme ce méchant maître il a besoin que nous puissions travailler pour lui sans relâche, sans se poser des questions car il nous réserve des surprises agréables. Il attend que nous lui obéissions sans marchander sa parole. Nous sommes de doulos, nous devons travailler comme-tel et non comme des patrons de Jésus. *C'est l'Adoration*.

- Tsava : ce mot qui veut dire soldat, nous donne la perception de service que Dieu attend de nous. Dans le cours de l'organisation du culte, il est écrit ce qui suit : « c'est à cause de la discipline rigoureuse de l'armée que l'apôtre Paul utilise ce mot Tsava. Dans l'armée l'ordre ne se discute pas. D'ailleurs, il y a un principe dans ce monde qui dit que la discipline est la mère des armées. Toute armée qui n'est pas disciplinée sera vaincue. Donc un citoyen ou une citoyenne céleste qui est obligatoirement un adorateur ou une adoratrice doit être discipliné(e) ; Apôtre Paul parlant à son fils dans la foi Timothée concernant le service, il dit « il n'est pas de soldat qui s'embarrasse des affaires de la vie s'il veut plaire à celui qui l'a enrôlé (2timothée 2.4).

- Hishtahawa : ce deuxième mot qui a presque le même sens avec le mot grec Proskuneo qui veut dire prosterner. Il faut signaler ici que l'adoration telle qu'évoquée ici, est celle qui est exclusive à Dieu, par conséquent discriminative. Il ne s'agit de se prosterner devant tout le monde mais de le faire, seulement devant Dieu. Comme nous avons l'habitude de dire que l'adoration est un plat exclusif à Dieu. Seul Dieu est digne d'être adoré. Parlant de se prosterner, il faut savoir que toutes les positions sont bonnes pour adorer ou pour rendre le service digne à Jésus-Christ. Néanmoins fléchir les genoux reste la position idéale. Si tu as l'occasion de le faire fait le. Si tu n'as pas d'occasion crée l'occasion, pour le faire. Et si l'occasion ne se trouve toujours pas recrée la ; comme pour dire et insister que c'est la meilleure chose à faire.
  Mais en tout, ce qui importe pour Dieu c'est l'état de nos cœurs, que nos cœurs s'inclinent sincèrement devant Jésus qui est le consommateur de notre adoration. Cela ne doit pas être le fruit des préceptes des habitudes humaines. Et en plus cela ne doit pas être seulement les fruits des lèvres. Dieu avait déjà reproché son peuple concernant l'adoration de la bouche dans le livre d'Esaïe. Sans perdre de vu que nous parlons de l'adoration du citoyen ou de la citoyenne céleste.

- **Ce qu'il faut que le citoyen ou citoyenne céleste sache sur l'adoration**
- Le Père cherche les vrais adorateurs et non les adorateurs. C'est-à-dire ceux qui sont (jean 4.20-24) :
  - ✓ Né de nouveau (citoyen ou citoyenne) céleste
  - ✓ Marchant dans la vérité, et dans la sanctification
  - ✓ Spirituel(le)s et marchant par la foi
- Il n'y a pas un endroit spécial pour l'adoration, quoi qu'il soit impérieusement important d'adorer dans nos églises. Jean 4.21
- L'adoration est activité qui demande obligatoirement deux choses pour qu'elle soit acceptée :
  - ✓ La vie spirituelle, de la sanctification
  - ✓ La vie dans la vérité Jean 4.24
- L'adoration est un résultat d'une vie spirituelle, véridique et surtout sanctifiée.

Dans cette première mission des citoyen(ne)s célestes, exige une autre chose *la connaissance*. Jésus reprocha la femme samaritaine, il la fait comprendre quelque chose d'importance inouïe, la connaissance de la personne qui a droit à l'adoration « vous adorez ce que vous ne connaissez pas... » Jean 4.22. Jésus, la reproche de ce qu'elle dit qu'elle adore, mais ignorant complétement celui qu'elle adore et ce qu'il faut pour l'adorer le vrai Dieu. Un homme de Dieu prêchant sur cette femme samaritaine, a glissé quelque chose qui m'est restée en tête « une adoratrice conflictuelle » celle qui prétend et dit être adoratrice, mais elle rappelle à Jésus qu'elle ne peut pas Lui donner de l'eau, car les juifs et les samaritaines ne s'attendent pas. Ce qui est vrai. Mais dans ce cas quelle est la part de celui qu'elle prétend adorer ? Jésus a compris que la femme était complétement à côté de la plaque. D'où chacun à la dimension et à la profondeur de la connaissance de Dieu va faire différemment les choses en ce qui concerne l'adoration. Plus on connait Dieu, plus l'on adore en esprit et en vérité. Dans le livre de Daniel dans son chapitre onze verset trente et deux dans partie b, la bible dit: « *... mais ceux du peuple qui connaîtront leur Dieu agiront avec fermeté* » il est important de chercher à découvrir notre Dieu et que l'adoration soit le fruit ou le résultat de notre connaissance de Dieu ; sachant que l'adoration est un ministère éternel.

- L'expression de l'adoration

L'adoration avant tout reste un mode de vie. Celle-ci s'exprime de diverses manières, néanmoins nous allons ici présenter quelques manières d'expressions de l'adoration à la lumière de la parole de Dieu. En conformité avec la bible nous présentons quatre manières d'expressions d'adoration à Dieu. Quoi qu'il soit vrai que chacun peut avoir plusieurs manières d'exprimer son adoration à Dieu, ces manières sont : *l'adoration comme notre vie, l'adoration dans nos dons (dimes et offrandes), l'adoration dans nos prières et l'adoration par les cantiques.*

> ***Adoration notre vie*** Paul dans son épitre aux corinthiens le second, chapitre troisième au versets deux et trois, dit : « c'est vous qui êtes notre lettre écrite dans nos cœurs, connue et lue de tous les hommes » et ajoute « vous êtes manifestement une lettre de Christ... » Paul ne parle pas des papiers, mais des vies des hommes qui sont et qui doivent être l'expression de la vie de Dieu en eux. Adorateur, notre vie y compte beaucoup plus que nos bouches.
> Dans Romains 12.1, Paul dit aux romains « je vous exhorte donc, frères par la compassion de Dieu à offrir vos corps comme un sacrifice vivant, saint agréable à Dieu, ce qui sera de votre part un culte raisonnable ».

Lorsque nos corps deviennent un sacrifice vivant devant Dieu, alors notre adoration ou notre culte devient raisonnable ou encore spirituel. Dieu attend que nous puissions par nos vies l'adorer. Un de nos enseignants des cours bibliques disait : « les païens n'achètent pas la bible, mais ils ont besoin de lire la bible chaque jour ; et cette bible dont ils lisent c'est nous, notre vie. Nos actes, nos agissements, nos réactions même notre manière de parler, de s'habiller, de répondre, d'aimer, de diriger y compte.

➢ *L'adoration dans nos prières* : nos prières sont également l'expression de l'adoration. La parole de Dieu déclare que c'est de l'abondance du cœur que la bouche parle (Luc 6.45). Lorsque notre cœur est rempli de l'amour de Dieu, des merveilles qu'il fait, de reconnaissance de son œuvre salvatrice de la croix, de ses dons et de ses miracles dans notre vie, nous ne pouvons, nous contenir, fermer nos bouches sans dire un mot. Nous pouvons alors l'exprimer par nos mots. Ces mots peuvent être intelligibles ou non. A la langue des hommes ou des anges. L'écrivain de l'épitre aux hébreux souligne « par lui, offrons sans cesse à Dieu un sacrifice de louange c'est-à-dire le fruit de lèvres qui confessent son Nom. En l'adorant, nous exprimons par nos bouches ce qu'il est pour nous. Le détail de la prière sera évoqué plus tard.

➢ *L'adoration dans les dons (dimes et offrandes)* : souvent en matière d'argent à l'église, les gens sont partagés. D'un côté un camp de personnes qui pense qu'il faut à tout moment et toute occasion parler des dons donc dimes et offrandes, libéralités autres contributions spéciales. Il devient tellement quotidien que cela décourage le chrétien (le danger) et de l'autre côté ceux qui sont trop cartésiens et qui pensent que c'est ridicule de parler de ces choses, car chacun doit prendre conscience à ce sujet.

A ce sujet je donne un avis d'un inexpérimenté « il est seulement important d'enseigner sur les dons, dimes et offrandes. Car cela attire la bénédiction de Dieu. Et non d'en faire une occasion lucrative ou jouer à la méfiance intellectualiste ». Parlant de ces choses Dieu est clair « Apportez dans la maison du trésor… » Malachie 3. 10-12. Il est important d'apporter, avant d'espérer aux bénédictions de Dieu. Dans le cours de l'organisation du culte, il est écrit « les paniers des offrandes, n'est pas une usine de fabrication d'argent ; ou des biens matériels. Le chrétien qui pense ainsi, a des choses à apprendre. En soi nos dimes et offrandes sont les fruits de notre adoration.

Nous adorons Dieu par notre vie, notre comportement, nos paroles, nous cantiques et aussi nos dimes et offrandes.

> ***Adoration par les cantiques*** : pour revenir à l'écrivain de l'épitre aux hébreux qui nous dit « par lui, offrons sans cesse à Dieu un sacrifice de louange c'est-à-dire le fruit de lèvres qui confessent son nom » héb.13.15. Les cantiques d'adoration, non seulement qu'ils sont l'expression de l'adoration, mais il nous permet comme un canal d'offrir aussi le sacrifice de louanges. Que ces cantiques soient chantés seul ou ensemble, cela importe peu. Ce qui importe c'est la disposition d'un cœur qui veut offrir un sacrifice à Dieu. Avec ou sans instrument l'adoration reste l'adoration. Il faut savoir que dans l'adoration qu'elle soit par nos vies, nos prières, nos dimes et offrandes ou encore par les fruits de nos lèvres ; il y a un Roi, un Majesté à adorer et un urspirateur à détrôner. Et le Roi que nous adorons c'est JESUS-CHRIST.

Sans pareil

Sans pareil est l'amour de Dieu

Pareil était le niveau de nos péchés

Sans pareil est le pardon de nos péchés

Sans pareil est la naissance du sauveur

Sans pareil est la venue du Créateur

Sans pareil est le salut de l'humanité

Sans pareil est sa grâce

Noël, commémorons la naissance du « **Sans Pareil** »

Noël, Jésus est le « **SANS PAREIL** »

3.2. Evangélisation

« Allez et faites de toutes les nations mes disciples, les baptisant au nom du Père, du Fils et du Saint-Esprit » Matthieu 28.19 ; les dernières paroles de Jésus à ses disciples avant de monter au ciel. C'est un ordre, pas une négociation. Cet ordre de mission collective est signé par l'autorité compétente en la matière et l'étendue de la mission est connue. Toutes les nations c'est le champ d'activité ou d'exercice de la mission. Parlant de la mission, cela me rappelle une mission d'enquête dans le domaine de la santé que nous avions menée pour quarantaine des jours. Nous étions une équipe de quatre personnes par groupe et trois groupes dans la province. Ce qui était intéressant : tous avions le même ordre de mission, la même durée d'activité, la même formation, la même durée d'activité, la même tache, la même rémunération, seulement tous nous n'avions pas le même niveau de connaissance et pas le même degré d'implication, pas la même direction, pas le même rôle.

A l'évangélisation nous avons tous reçu le même ordre, celui d'aller et de faire de toutes les nations, tous les peuples les disciples de Christ. En fait nous avons le rôle d'enrôler les hommes de toute la terre au royaume du ciel, celui de notre Père, notre Roi, notre Dieu. Seulement, nous n'agissons pas de la même manière. A la différence de notre employeur de la mission évoqué ci-haut qui donnait à tout le monde le même montant à la fin de la mission ; notre Père payera selon le travail de chacun. Et déjà le Seigneur attend de nous un engagement dans ce domaine. Sans entrer dans le détail définitionnel de l'évangélisation, il faut noter qu'il existe plusieurs manières et méthodes de faire l'évangélisation. Mais ici nous allons les diviser en deux groupes : l'évangélisation vie et évangélisation annonce.

- Evangélisation vie

Comme nous l'avons abordé dans le point sur l'adoration dans notre vie ; il est important de savoir que nos vies doivent être non seulement une adoration, mais aussi une évangélisation pour ceux qui ne connaissent pas Dieu. Paul dans 2corinthiens 3. 2-4 dit « c'est vous qui êtes notre lettre, écrite dans nos cœurs, connue et lue de tous les hommes ; vous êtes manifestement une lettre de Christ… ». Paul met l'accent sur la qualité de notre vie. Il est bon d'évangéliser avec nos paroles, mais il est mieux de le faire par notre vie. Cela me rappelle une histoire, au début de ma foi, même si je suis encore au début je fréquentais une fille, qui était la petite sœur d'une amie. Je la rendais visite souvent dans leur pharmacie où elle vendait. Elle était une adolescente. Elle aime la musique païenne et moi je la parlais de méfaits de cette musique et je la présentais Christ sincèrement et surtout j'insistais sur l'avantage de devenir chrétien.

Un jour, d'ailleurs c'était un dimanche après le culte ; je passais par là et je suis surpris d'écouter la chanson chrétienne jouer dans son téléphone. Et quand je la demande, elle me répond qu'elle voudrait changer. Et moi je pensais sûrement que c'étaient mes paroles et versets de chaque jour qui ont fait l'affaire. En la posant la question pourquoi ? je suis émerveillement surpris d'entendre sa réponse « je veux devenir comme mon amie de la salle, elle est différente de nous toutes, elle ne chante ni ne danse les chansons païennes ». Ce qui est vrai je l'ai parlé sincèrement de Jésus et je n'avais rien sans prétention à me reprocher. Mais la vie de son amie de la salle l'a plus impacté que mes jolis mots et sincères versets. Depuis j'ai compris que nos vies évangélisent mieux que nos paroles. L'évangélisation vie a une influence directe sur nos proches, et cette évangélisation ne se trompe jamais. Cette évangélisation nous la subdivisons en deux parties ou niveaux : dans notre vie quotidienne et dans nos activités.

✓ *L'évangélisation dans notre vie quotidienne* : ce qui est évident, notre vie de chacun instant doit évangéliser. Il y a tellement des domaines de la vie qu'il fait impacter par la qualité de notre vie. Tellement des situations où il faut que notre vie exhale le parfum d'une évangélisation pure. Mais ici nous allons aborder cinq domaines que nous n'avons pas la prétention de dire très important que les autres. Mais nous les trouvons utiles et pragmatiques. Dans chaque domaine que nous allons citer notre attitude peut être évangéliquement constructive ou destructive. Comme citoyen(ne) céleste notre contribution évangélique est obligatoire et impérative. Ces domaines sont : le langage et actes, les maquillages, l'accoutrement, la télévision et les réseaux sociaux.

• *Langage et actes* : « la bouche du juste est une source de vie… » dit les proverbes (Proverbes 10.11), étant des citoyens et des citoyennes célestes, nous sommes tenus à un langage céleste. Notre bouche doit être une source qui abaisse les cœurs, qui amène la paix. Car nous sommes porteurs de l'évangile. L'évangile étant une bonne nouvelle, notre bouche devrait la faire sortir autour de nous. Il sera ou il est paradoxal de constater que la bouche sensée sortir la bonne nouvelle, ressorte les insanités, comme les insultes, les querelles, calomnies, la médisance… Jacques 3.11-12 questionne « la source fit-elle jaillir par la même ouverture de l'eau douce et de l'eau amère ? Un figuier, mes frères, peut-il produire des olives ou une vigne des figues ? ... » nous ne pouvons pas tenir des langages discourtois puis penser revenir pour parler de l'évangile à la même personne.

Dans nos actes de chaque jour, l'évangélisation doit s'y trouver. Nous ne pouvons pas dire une chose et faire une autre chose. Beaucoup échoue dans l'évangélisation car ils disent une chose et font une autre. Il est incompréhensible et irréfléchis de parler de quelqu'un sur les méfaits de l'impudicité, le vol, la calomnie, le détournement si personnellement nous sommes dans le coup ou nous nous retrouvons. Comme nous avons l'habitude de dire « la vérité consiste à une ressemblance entre le paraître et l'être ». Lorsque le paraître et l'être se ressemble il y a la vérité ; dans le cas contraire, il y a tout sauf la vérité. Nous devons comprendre que notre paraître ne rassure rien du tout. Seuls nos actes, notre vie y comptent et rassurent. Il faut signaler qu'avoir un langage céleste et des actes dignes n'exclut pas la rigueur et les blâmes. Nous aimons les pécheurs, nos ennemis comme l'a fait notre maître Seigneur Jésus-Christ ; mais nous ne participons pas à leurs péchés ou à leur entreprise. Et ce n'est pas le fait de parler lent, à basse voix, doucement qui fait de nous citoyen céleste, mais l'intention de nos cœurs. N'oubliant pas que c'est de l'abondance du cœur que la bouche parle (Luc 6.45). Néanmoins nous devons avoir une bonne attitude envers les païens comme recommande 1 Pierre 2.12.

- *Maquillages* : il faut dire que je n'ai pas trouvé personnellement dans la bible à mot direct là où les maquillages sont indexés de péché. Mais en toute chose, nous devons rendre gloire à Dieu. Nous remarquons tous ensemble que nous vivons dans un monde où l'apparence vaut plus que tout. Et à tout prix les gens sont prêts à être plus beau que leur photo. Si se maquiller ne pas un péché, notons que la motivation du maquillage peut devenir un péché. Si la motivation c'est la convoitise, cela conduira tout droit au péché. Autre chose parlant des maquillages, nous copions qui ? actuellement en termes d'apparence surtout avec l'avènement de la nouvelle technologie concernant le cinéma nous ne savons plus distinguer les chrétiennes et les non chrétiennes.

Et lorsque nous parlons de maquillages, nous voyons aussi les coiffures. Loin de moi la pensée de juger les formes, les lignes à placer, les mèches, les plantes, la taille ainsi que la couleur des cheveux. Mais quand vous

vous faites coiffer, vous vous faites tresser vos cheveux ou lorsque vous vous maquillez ou vous vous faites maquiller vous ressemblez vous à qui sincèrement ? A vous-même ! à vous version améliorée ou à quelqu'un d'autre. Et après les maquillages ou tous ces ajouts comment vous sentez-vous ? Néanmoins chacun connait au plus profond de lui si son apparence peut aider quelqu'un à être évangélisé ou va créer une barrière. A toutes ces questions posées, chacun devra répondre. Nous sommes tous parfois étonné lorsque nous regardons au travers les clips vidéo nous ne sommes pas capable de tracer une ligne de démarcation entre les chrétiens et les non chrétiens de par leur apparence. Nous voyons les coiffures des cheveux, leur coloration, les sourcils et les cils, nous remarquons que celles dites chrétiennes paraissent plus bizarre que celles dites non chrétiennes. C'est vrai que chacun va donner des très bonnes raisons pour se justifier, c'est notre culture, c'est la mode, c'est ma façon, Dieu regarde le cœur et non l'apparence, tout le monde, à quoi est-il un péché ? toutes ces raisons bonnes et très bonnes soient-elles, nous permettent d'attirer les âmes vers Dieu, notre maître le Seigneur Jésus-Christ ? Vous avez vu que nous n'avons pas passé du temps à citer à point nommé les types de modèles ou des styles à faire moins encore des coiffures.

Nous n'avons pas non plus une manière unique que nous pouvions nous le présenter. Mais chacun devant sa conscience, et selon ce que le Saint-Esprit, qui est transcendant à toute culture, à toute modernisation, puis vous convaincre à paraître comme est l'état de votre cœur. Comme citoyen ou citoyenne céleste, certaines choses nous ne le faisons pas à cause de ceux qui sont à nos côtés, qui ont encore une connaissance rudimentaire, qui peuvent se perdre. Et non seulement que nous pouvons être une barrière pour les païens, mais nous pouvons perdre ou faire perdre nos frères et nos sœurs encore faibles dans la foi. L'Apôtre Paul illustre ce cas dans son épitre aux corinthiens parlant de la viande sacrifiée aux idoles « c'est pourquoi, si un aliment scandalise mon frère, je ne mangerai jamais de viande afin de ne pas scandaliser mon frère » (1 corinthiens 8.13). De même que nous comme citoyen (ne) du ciel si nos maquillage, coiffure, bref notre paraître devient un sujet de scandale pour nos frères ou sœurs, nous ne pouvons que laisser à cause de la faiblesse de leur connaissance.

Le pire c'est de chercher les versets bibliques pour justifier son maquillage ou sa coiffure. Regardons-nous au travers de miroir et posons des questions de savoir si nous ressemblons nous à qui ? si notre apparence est-elle évangélique et elle est pour la gloire de Dieu ou de l'ennemi. Les réponses que nous aurons au-delà de la mode, de la culture, ou de la mondialisation ou de la culture universelle par le Saint Esprit nous permettront de continuer, de diminuer, d'arranger, de modifier ou carrément d'arrêter au dépend de chacun.

- *Accoutrement*

Avant de commencer cet exposé, nous savons ou constatons à l'église deux tendances actuellement ; nous ne dirons pas deux tendances au sein des citoyens célestes concernant les habits à mettre. À l'église ou à la maison cela devrait être d'application. Une tendance de laisser pisser le mérinos, chacun s'habille comme bon le semble. Pas de contrôle, pas des restrictions. Et cette tendance pousse un argumentaire fort « Dieu regarde les cœurs et non l'apparence. Conséquence ce ne sont pas nos habits qui comptent. Nos habits n'influencent en rien Dieu sur son trône. Habillons-nous comme bon nous semble, en suivant même la mode, mais que nos cœurs restent à Dieu. Une autre tendance plus extrémiste et plus restrictive prône ce qui suit : il est obligatoire que certaines tenues soient mises à côté car celles-ci n'honorent à rien notre Dieu.

En plus l'église étant la maison de Dieu, il serait insultant de voir les gens de s'habiller d'une autre manière que celle d'être couvert de la tête au pied. Et au cas où vous n'avez pas cette tenue, vous n'aurez pas le droit de communier avec les frères et sœurs. Vous perdez le droit d'écouter sa parole ni de l'adorer. Nonobstant ces deux tendances que nous n'avons pas la prétention de déclarer l'une meilleure que l'autre, nous sommes souvent gênés de la manière dont certains s'habille. En plus nous ne pouvons pas nous dire que nous avons la meilleure manière que nous voulons proposer. Néanmoins nous voulons ensemble faire le diagnostic de la maladie qui gangrène notre mode d'accoutrement en tant que citoyen (ne) céleste ou chrétien (ne) et remettre chacun devant ses responsabilités. Romains 14.28

✓ Le diagnostic : tous ensemble nous constatons et voyons combien les mœurs avant de parler des valeurs chrétiennes sont bafouées pour ne pas dire dédaignées. Les barrières d'autres fois qui constituaient les boucliers protecteurs pour les valeurs chrétiennes sont toutes tombées. Entre et autres la pudeur, la honte, le respect, la sincérité, la loyauté, l'estime, etc… et cela au regard impuissant de tous. Et cela au nom d'une seule chose que tout le monde adore et cette chose c'est la liberté. En son nom tout le monde peut tout faire sans être inquiété.

En effet il ne s'agit pas de la liberté mais du libertinage. Les coutumes, les politiques et les religions pensaient combattre les christianismes, mais ils se voient impuissamment dépassés et débordés par la vitesse destructrice de la situation. Surtout que ce fléau d'abandon des mœurs est alimenté par les médias, les nouvelles techniques de la télécommunication utilisant les personnes influentes. Les religions dans toutes ses tendances confondues ne savent que faire. Les dogmes des églises considérés d'antiques n'ont pas arrêtés le fléau, nous sommes tous dépassés par l'événement. Chaque personne veut non imiter Jésus mais imiter sa star préférée soit de la musique, du football, du cinéma ou des séries télévisées. Car nous vivons dans un siècle où le paraître compte plus que l'être.

Mais à qui revient cette faute ? à l'homme ou à l'ennemi ? A ces questions la bible déclare : « …le dieu de ce siècle a aveuglé l'intelligence, afin qu'ils ne vissent pas briller la splendeur de l'évangile de gloire de Christ qui est l'image de Dieu » (2 corinthiens 4.4). Pour beaucoup de gens qui sont sous le joug de cet aveuglement et ne trouvent à rien du mal qu'ils font. Pour l'accoutrement ce n'est rien de grave car on s'habille comme l'on attend. Concernant l'accoutrement il faut noter qu'il y a la part de l'homme. Chacun de nous devrai être conscient de ses responsabilités devant les habits qu'il met. La bible parla de l'homme dans les derniers jours dit…aimant les plaisirs plus que Dieu » 2 Timothée 3.4. Parlant d'habit proprement dit, que faut-il dire ? quel type d'habits recommandés et à quel temps et quel endroit faut-il les porter ? Nous devons reconnaître aujourd'hui que c'est aux dépens des milieux et cultures que les habits se portent. Nonobstant ces différences des milieux et différences cultures, il existe partout les habits qui ne scandalisent pas les mœurs et le public, par conséquent les valeurs chrétiennes.

Nous ne recommandons et nous ne saurons recommander un type d'habit, mais l'accoutrement des enfants de Dieu ne puisse pas remettre en cause notre identité et notre vie en Christ et en tant qu'enfant de Dieu. Le problème des dogmes c'est qu'ils réduisent leur rigueur qu'à la porte de l'Eglise et le reste de temps ; les gens peuvent s'habiller à leur goût. En plus il ne s'agit pas de l'abandon volontaire d'un homme qui a cru en Jésus Christ mais plutôt le résultat de la peur des hommes. Dieu n'attend pas de nous une peur de sa personne car Il est amour, mais il veut que nous puissions le révérer, avoir un respect absolu envers sa personne. Les décisions que nous prenons doivent être par amour pour Lui et non par contraire. Lorsque chacun de nous s'habille qu'il prenne seulement le miroir pour se mirer puis se poser la question « est-ce mon accoutrement glorifie-t-il Dieu ou évangélise-t-il ou encore avec cet habillement peut-on évangéliser ? n'osons pas par le courage diabolique se vêtir comme un petit démon et penser amener les gens en Christ ; C'est complètement irréfléchi. Il faut savoir que si Dieu regarde le cœur, les hommes regardent les habits. Et par votre manière de s'habiller vous communiquez un message de ce que vous êtes, soit léger ou légère ; responsable ou non, sérieux, sérieuse ou moins. Mais le message que nous devons donner comme enfant de Dieu est celui de l'évangélisation au travers notre accoutrement. Sans un esprit fanatique ni l'intention délibérée de porter un jugement à ceux qui s'habille différemment ; mais dans le même amour que Jésus a porté et porte pour nous il est important que nous ne puissions plus le ramener à la croix.

* *Les réseaux sociaux et la télévision*

Nous sommes sans ignorer que la nouvelle technologie de l'information et communication, nous soumettent dans les conditions où si tu ne t'intéresse guère tu recule. La vitesse actuelle de l'information est presque celle de la lumière. L'importance de cette NTIC dans l'évangélisation sera développée ultérieurement. Mais dans un point nous voulons seulement faire une mise en garde dans l'usage de ces NTIC. Car que cela soit l'internet, les chaînes de télévisions nous proposent beaucoup de choses, au point de mettre la confusion totale dans nos têtes. Ces NTIC nous rendent en réalité esclaves de ses programmes, nous sommes en train de perdre de plus en plus notre humanité, notre sensibilité, nos liens ne sont plus fort, nous n'avons plus de maîtrise ni de nous moins encore de nos proches.

Et dans ce cas si nous ne sommes pas prudents nous tomberons directement dans le péché et même au risque se détourner de la parole de Dieu. Beaucoup de gens se disent ne pas avoir des bibles en dure sous prétexte qu'ils ont des applications dans leur téléphone, leur tablette, ou ordinateur ; je suis d'avis. Mais seulement combien sincèrement lisent ces bibles pour ne pas dire méditent ? moi-même j'ai environs treize applications de la bible dans leurs différentes versions dans ma tablette et smart phone mais chaque fois que je me connectais la lecture devenait utopique. Au point même que je tombais dans les sites pornos et je m'oubliais pour me souvenir juste après le péché.

Les chaines des télévisions proposent chaque jour des programmes dites exotiques, dans les séries, les émissions de la téléréalité, les films… à chaque deux à trois scènes d'amour. Les drames dans tout ça ce que nous sommes obligé de les regarder avec nos parents ou nos enfants. Une missionnaire américaine disait « si les chaînes de télévisions proposent des choses qui déspiritualisent il y a une chaîne qui s'appelle « **éteindre** » la télévision.

Nous devrions à l'heure actuelle assumer nos responsabilités de savoir dire non à ces propositions de l'ennemi au travers la télévision. La parole de Dieu déclare « si ton œil est pour toi une occasion de la chute, arrache-le, le mieux vaut pour toi d'entrer dans le royaume de Dieu n'ayant qu'un œil, que d'avoir deux yeux et d'être jeté dans la géhenne. Marc 9.47 ; c'est nous qui devions utiliser notre téléphone. Imagine par mégarde que votre téléphone contenait les films obscènes et que les personnes que vous évangélisez, arrivèrent à découvrir ceux-ci dans votre téléphone, quel scandale ? nos téléphones, nos tablettes, nos ordinateurs doivent édifier et rester évangéliques.

✓ Évangélisation dans nos activités

Si l'évangélisation dans la vie quotidienne, concerne les personnes avec qui nous partageons un lien plus proches comme la famille, les voisins du quartier, celle-ci concerne non seulement les personnes susmentionnées mais aussi les personnes avec qui nous partageons quelque temps comme dans le travail, dans nos écoles, universités, dans les bureaux, commerces, business, dans les formations, dans les ateliers, dans les missions de services, dans les hôtel où nous logeons ; tous ces gens doivent ressentir à vous une lumière, une différence. Nos actes et nos actions peuvent mieux évangéliser que nos bouches.

Cela me rappelle une histoire quand nous étions en troisième graduat, il y a une collègue de l'auditoire qui avait des difficultés dans un de nos cours. Malheureusement pour elle, elle n'avait pas bien révisé. Et moi j'avais bien révisé cette matière. À l'examen elle n'arrivait pas à bien répondre et moi j'étais devant elle. Je l'ai proposé de la donner des réponses mais elle a refusée. Cette année j'étais passé à la première session et elle à la deuxième session et je l'ai posé la question pourquoi et elle répondit c'est parce qu'elle était chrétienne. Cet acte m'avait tellement marqué que je commençais à me poser des questions qui elle était et comment pouvait-elle arriver à ce point. Plus tard quand je suis devenu chrétien, j'ai compris que c'était un acte évangélique.

Mais à la fin de nos études c'est elle qui avait distinguée et retenue assistante alors que nous nous cherchions sans succès. Si dans son travail, on se retrouve dans les détournements, dans les vols, dans l'impudicité, dans l'insolence, dans la calomnie et toutes sortes de choses païennes comment pourrions-nous nous prétendre évangéliser ? car les collègues ont plus besoins de nos actes que de nos bouches et ces actes sont alors que je qualifie des actes des héros pour l'évangélisation de nos proches par où nous effectuons nos activités. Il faut noter il ne servira à rien d'expliquer toute la théologie du monde, sonder les écritures dans sa profondeur et de vivre comme un païen ou une païenne qui n'a jamais connu (e) l'évangile et en plus espérer gagner les âmes. C'est vraiment de l'utopie pour ne pas dire de l'idiotie. Jésus parlant de nous dit « vous êtes le sel de la terre. Mais si le sel perd sa saveur, avec quoi la lui rendra-t-on. Il ne sert plus qu'à être jeté dehors, et foulé aux pieds par les hommes. Vous êtes la lumière du monde une ville située sur la montagne ne peut être cachée. Matthieu 5.13-14. Nos vies dans le monde doivent refléter la lumière partout où nous exerçons une activité, nous devons laisser jaillir cette lumière. De toutes les façons les gens vont remarquer cette lumière, cette saveur c'est là l'évangélisation.

- Evangélisation annonce

« Allez et faites de toutes les nations des disciples, les baptisant au nom du Père, du Fils et du Saint Esprit et enseignez-leur… » Matthieu 28.19-20, les dernières paroles du Maître le Seigneur Jésus-Christ avant de monter au ciel à côté de son Père donc le nôtre aussi. Si l'adoration est un ministère éternel, alors l'évangélisation est un processus de recrutement des vrais adorateurs pour le Père par des vrais adorateurs que nous sommes. Nous devons par amour à notre Papa faire ce recrutement au moyen de l'évangélisation. Ce qui est intéressant ce qu'Il dit « je serai avec vous tous les jours… » Matthieu 28.20. Ce qu'il faut savoir, ce que l'évangélisation est une mission qui consiste à apporter la bonne nouvelle aux nécessiteux. Dans le campus pour Christ, parlant de l'évangélisation, on disait que l'efficacité de l'évangélisation consiste à annoncer la bonne nouvelle de Jésus et laissant le résultat au Saint Esprit d'accomplir le reste. L'histoire avec l'évangélisation n'est pas nécessairement une histoire de la connaissance théorique théologique.

Mais une histoire de connaissance de son Dieu et de son amour infini pour l'humanité. Bref une histoire de témoignage. La femme samaritaine dans le livre jean ; après la découverte de que Jésus était le Messie, tout de suite sans formation théologique de base, sans peut être un niveau intellectuel élevé, elle est allée témoigner Jésus à ceux qui étaient supposés être contre elle. Elle laissa ses priorités, sa cruche et se hâta pour l'évangélisation. Il faut du cœur, faute de quoi le découragement et la fatigue vont vous rattraper.

- Besoins

Comme pour toutes les missions du monde, il y a toujours des besoins qui sont indissociables à chacune d'elle. Ces besoins rendent la mission faisable, abordable et pas nécessairement facile. Un moment donné nous devrions nous rendre dans une mission dans un axe qui est situé à 100 Km de la ville où je me trouve. Pour cette mission, nous avions besoins de la moto, carburant, l'huile moteur, les provisions, l'argent pour les petits besoins et traversée, le téléphone THURAYA, GPS… Toutes ces choses n'ont pas rendu pour autant notre mission facile, non mais elle était faisable et abordable. De même que pour la mission de l'évangélisation nous avons besoins de choses que nous avons classé en deux groupes, d'abord les besoins spirito-cognitifs et les besoins matériels.

➤ Besoins spirito-cognitifs

Dans ce premier groupe, comme le titre le dit, il se base sur les besoins spirituels et intellectuels. A notre niveau nous avons répertorié trois besoins ici sans une prétention de l'exhaustivité.

➤ Le besoin du Saint Esprit
➤ Le besoin de la prière
➤ Le besoin de la formation

✓ *Le besoin du Saint-Esprit* : « Mais vous recevrez une puissance, le Saint Esprit survenant sur vous, et vous serez mes témoins à Jérusalem, dans toute la Judée, dans la Samarie et jusqu'aux extrémités de la terre ». Actes 1.8. Le bon Maître Jésus-Christ, sachant toutes les faiblesses que comportent ce corps mortel, il prévient et demande aux siens d'attendre le Saint-Esprit ; car c'est lui qui donne le courage, la puissance, la conviction et la transformation des âmes. Dans l'évangélisation nous partons rendre témoignage à quelqu'un que nous n'avons pas vécu ensemble physiquement. Par conséquent nous avons besoin d'une personne qui vit avec lui et qui le connait bien pour mieux le présenter. Il faut savoir que le Saint Esprit dont nous parlons, c'est l'effusion de celui-ci. Du remplissage au débordement. En plus quand on parle du remplissage du Saint Esprit dans la vie d'un citoyen ou une citoyenne céleste, c'est la mission donc l'évangélisation. Quoi que le signe initial soit le parler en langue.

Dieu ne nous dote pas les dons pour nous même, mais pour les autres afin que ceux-ci constatent que nous sommes du sel et la lumière de ce monde, et en plus pour l'édification de son Eglise. Le Saint Esprit est le consolateur et le motivateur sans lui, l'évangélisation deviendrais une corvée à s'en débarrasser et par-dessus une activité programmatique et charnelle. Remarquons que la première activité après l'effusion du Saint Esprit c'était l'évangélisation dans le livre des actes. Il est le moissonneur par nous il accompli sa tâche. Dans l'évangélisation, le besoin du Saint Esprit se situe à trois niveaux, avant, pendant et après l'activité. Avant l'activité, il nous oriente car c'est lui qui connait le contenu du cœur de chacun ainsi que les nécessiteux de l'évangile. Avant la première campagne évangélique du livre des actes, Christ a d'abord donné le Saint Esprit, Actes 2.

Le Saint Esprit est le préparateur et le mobilisateur. Pendant l'activité ; lorsque nous évangélisons c'est nous qui parlons mais c'est le Saint Esprit qui convainc les cœurs. En plus pendant l'activité Dieu par le Saint Esprit peut dans certaines circonstances utiliser les miracles, les prodiges pour convaincre. Mais cela est l'œuvre du Saint Esprit. Sans lui ces choses ne sont pas possibles et l'évangile devient obsolète. Après l'activité nous avons toujours besoin du Saint Esprit. La parole est libérée, les miracles se sont produits, les gens sont convertis c'est vrai mais pour la maintenance et la continuité de ces âmes et de ces choses il faut le Saint Esprit comme pour dire, nous besoin du Saint Esprit en pré, per et post évangélisation comme dise le jargon médical. Retenons que le besoin en Saint Esprit est un besoin qui doit rester insatisfait et infini. Lorsque le Saint Esprit est la base d'une activité évangélique, les âmes sont sauvées. Actes 2.41

Comment savoir que Dieu nous parle

Ce qui est vrai, est que Dieu par le SE, nous parle, mais aussi l'ennemi crée l'imitation et beaucoup d'autres s'en abusent. Le vrai problème ici, c'est que si nous avons besoin du SE, devons aussi connaître son usage. Car cela a amené beaucoup de confusions. Nous pouvons affirmer clairement que n'avons pas la maîtrise sur toutes les manières que Dieu nous parle. Dieu parle ce pendant tantôt d'une manière, tantôt d'une autre, mais l'on n'y prend pas garde, Job 33.14. Ce verset démontre la capacité illimitée de Dieu de nous adresser les mots. Néanmoins nous allons citer ici trois manières que nous avons trouvé dans la bible que Dieu utilise pour nous parler :

1. Par sa Parole, lors d'une méditation personnelle, une exhortation, une prédication ou un enseignement Dieu nous parle. Ne jamais perdre de vue que

la voie par excellence que Dieu nous parle c'est Sa parole donc la Bible. Et c'est d'elle qu'il faut examiner les autres voies qui doivent tirer leur authenticité de lui. Sans la confirmation de la bible toutes les autres voies ne seront que farces. Chacun individuellement et collectivement nous devons sonder les écritures mais le plus important c'est de vivre ce que nous connaissons. L'ordre même d'aller évangéliser vient de sa parole Matthieu 28.19-20.

2. Par des dons spirituels, c'est possible que Saint Esprit parle directement par une voix audible comme dans les cas des prophéties, des paroles de sagesse, interprétation de langue des anges… ou même personnellement à l'oreille comme le cas du petit Samuel que Seigneur a appelé à plus d'une fois 1 Samuel 3.4-11. Parlons aussi de quelqu'un dans la nouvelle alliance ; Philippe après avoir prêché l'évangile dans la ville de Samarie dans le livres des actes des apôtres, un ange s'adressa directement à lui et lui donna l'ordre d'aller vers le désert (actes 8), encore une fois de plus Paul avec les autres disciples alors qu'ils priaient l'Esprit dit : « mettez-moi à part Barnabas et Saul pour l'œuvre à laquelle je les ai appelés » Actes 13.2 ; donc Dieu nous parle bel et bien par les dons ou d'une voix audibles.

3. *Par une petite voix intérieure qui est la conviction* : beaucoup de nous, aimons styler Dieu à une certaine manière parler selon ce que l'on nous a enseigné. C'est bien mais de fois nous passons à côté des merveilles de Dieu à cause de notre entêtement de cette petite minuscule voix intérieure. En plus nous voulons quitter le domaine du surnaturel vers celui du spectaculaire en le cherchant éperdument. Nous cherchons les spectacles, nous voulons les incantations, les grimaces et les bruits, les gestes démesurés, les corvées ou toute autre stimulation pour comprendre que Dieu a parlé. Forcement non, Dieu ne va pas parler parce que nous avons fait pression mais parce qu'Il nous aime. Dans le livre de 1 Rois, on rencontre l'histoire d'un grand prophète Elie le Thischbit qui cherchait la réponse de Dieu désespérément à sa situation.

Tous les spectacles de ce jour-là, le tremblement, le vent, ou même le feu étaient au rendez-vous sans que Dieu n'y sois dedans. Et c'est simplement et justement par un murmure, même pas une parole que Dieu a parlé et y était. Dieu détourne nos regards du spectaculaire vers le surnaturel. Il sied à chacun de savoir obéir à cette voix interne. Il est vrai et important de savoir que cette voix est concordant avec la première voix qui est la parole de Dieu, la Bible.

✓   Besoin de la prière

Déjà dans l'évangile de Matthieu Jésus dit : « tout ce que vous demanderez avec fois dans la prière, vous le recevrez » Matthieu 21.22. C'est dans la prière que nous communiquons avec notre Père, nous présentons nos soucis, nos besoins de la mission et Il nous répond. Pour chaque mission que nous effectuons dans le monde séculier, il nous est demandé d'avoir les instructions de celui qui nous a envoyé dans cette mission. Mais pouvons-nous, nous prétendre effectuer la mission évangélique sans avoir les directives du Maître ? et c'est dans la prière que le Seigneur envoie son aide, le consolateur. Pendant que les apôtres étaient réunis en prière que le Saint Esprit était descendu, Actes 1.14.

Tous les autres besoins mêmes les moins spirituels soit dit peuvent se demander. La prière est le besoin central. Tout doit commencer par ma prière et se clôturer par elle. Comme nous avons dit pour le Saint Esprit, la prière doit être pré, per et post évangélisation. Pendant l'évangélisation nous pouvons rencontrer plusieurs obstacles. Mais seule la prière par la foi peut lever l'obstacle. Souvenez-vous de l'histoire de Pierre ; après l'évangélisation, il fut arrêté et jeté en prison. Pendant ce temps l'Eglise ne cessait d'adresser la prière à sa faveur. Soudain il devient libre ; ce que peut faire la prière de la foi est débordant.

La prière peut ouvrir les portes que vous ne vous attendez pas. « Nous sommes allés dans le cadre du ministère des jeunes dont nous sommes membre dans une de ville de l'Est de notre pays, BUKAVU ; pour une activité évangélique et nous avions invité un grand chantre du pays pour accompagner ces quatre soirées. Le problème ce que nous devions avoir où le loger, de quoi le faire manger, son cachet, son billet aller-retour, les deux salles à louer pour les activités, les instruments, payer les chaines de télévision… sans ignorer la prise en charge des frères et sœurs qui venaient d'ailleurs comme moi. C'était un coût grand pour nous ; c'étaient des milliers de dollars. Le second problème la majorité de nous étions de chômeurs, les élèves et les étudiants. Nous avions prié et ce que je peux dire, je ne sais pas comment, mais le Seigneur à tout décanter et tout pourvu, au point où à la fin des activités les gens de la ville ont déclaré que nous avions reçu le financement des américains. Ma réponse était simple que oui nous avons reçu un financement mais un financement céleste ». La prière est la plus tendre et belle mais puissante arme que Seigneur nous a donné pour accomplir les grandes choses dans l'évangélisation.

LA PRIERE

La prière,

La prière oh !!! Douce prière avec foi

Que tu es puissante et rassurante

La prière, oh tendre prière avec foi

Que tu es précieuse et délicieuse

La prière, oh douce prière avec foi

Que tu es simple et invincible

Oui la prière notre arme, notre anti bale

Oui tu es offensive et défensive

Douce prière avec foi,

Tu nous es TOUT

Actuellement il existe plusieurs structures qui enseignent comment évangéliser. Et même dans nos églises dans les départements dit « de l'évangélisation, des ambassadeurs, des gagneurs d'âmes… on enseigne. Au campus par exemple vous pouvez trouver certaines structures chrétiennes qui s'en occupe. Comme le *Campus pour Christ*, la formation dont nous parlons, ne s'agit pas ici celle qui consiste à avoir un papier ou un diplôme à la fin ; ou connaître toute la théologie du monde.

Mais nous avons l'occasion d'apprendre pour avoir des méthodes de bien communiquer il faut le faire. Dans ce petit livre nous voulons présenter deux petites astuces qui ne sont pas indispensables mais nécessaires pour bien communiquer la pensée de Dieu qui est déjà en vous. La première c'est les quatre lois incontournables pour le salut, ce que le Campus pou Christ appelle les quatre lois spirituelles et la deuxième astuce c'est la prière à faire confesser celui qui veut recevoir le Seigneur Jésus comme Seigneur et Sauveur personnel de sa vie. Notons cette prière n'est qu'un modèle et non l'unique reformulation.

Ce n'est pas cette prière qui sauve mais la sincérité du cœur. Il faut aussi savoir qu'il existe plusieurs reformulations. L'essentiel c'est de confesser de sa bouche comme recommande la bible. « *Car c'est en croyant du cœur qu'on parvient à la justice, et c'est en confessant de la bouche qu'on parvient au salut, selon ce que dit l'Ecriture* » Romains 10.10.

1. *Les quatre lois spirituelles*, personnellement je les appelle, les quatre lois incontournables pour le salut. Il est impossible pour un homme de dire qu'il a son salut sans connaître ou reconnaître ces choses. Voici ces quatre lois :
✓ L'homme est pécheur, éloigné de Dieu par conséquent condamné à la mort éternelle. Romains 3.23, 5.12
✓ Dieu a aimé le monde Jean 3.16
✓ Jésus est le seul et l'unique chemin qui nous conduit à Dieu et c'est lui qui nous réconcilie d'avec Dieu. Jean 14.6 ; « Il n'y a de salut en aucun autre, car il n'y a sous le soleil aucun autre nom qui ait été donné parmi les hommes, par lequel nous devions être sauvés. Actes 4.12.
✓ Accepter Jésus-Christ comme Seigneur et Sauveur personnel de votre vie pour le salut de votre âme Jean 3.16 b, Apocalypse 3.20, 2 Timothée
En s'engageant dans l'évangélisation, sans toute la théologie du monde, nous pouvons même présenter à quelqu'un les quatre lois spirituelles ;

nous pouvons sauver les âmes. Cela lui permettra de comprendre et de retenir, tout en laissant au Saint Esprit de faire la suite.

2. *Prière de confession*, c'est la cinquième loi pour moi ; la parole de Dieu déclare « si nous confessons nos péchés, il est fidèle et juste pour nous les pardonner et nous purifier de toute iniquité (1jean 1.9). Il existe plusieurs reformulations de cette prière, mais nous avons choisi, celle faite et présentée par l'équipe de la traduction de la bible « version Esprit et Vie » que voici : *« Seigneur Jésus,*
Je reconnais que je suis pécheur et que j'ai besoin de ton pardon. Je reconnais que tu es mort sur la croix pour moi. Je te demande de venir habiter dans mon cœur, de pardonner mes péchés et de régner sur ma vie.
J'accepte aujourd'hui ton salut. Je sais que tu me réserve une demeure dans le ciel avec toi. Merci !
Amen »

➢ Besoins matériels

Si le premier lot ou groupe des besoins consiste à nous équiper, celui-ci est aussi important pour l'exécution du travail. Nous les avons classés en deux :

- Outils de travail
- Besoins financiers

- Les outils de travail

Il faut dire que dans la pratique l'évangélisation peu importe le type, nous aurons besoins de certains outils entre et autres, la bible, le petit bouquin d'évangélisation comme les quatre lois spirituelles, des tracts, de fois des banderoles, les mégaphones et dans les activités de masse les instruments pour la sonorisation, le véhicule pour le déplacement si nécessaire. Actuellement les chaînes de télévision, l'internet avec les réseaux sociaux constituent les moyens les plus rapides et les moins couteux de l'évangélisation. Notons que si nous pouvons manquer tous les outils, mais nous ne devrons pas manquer une bible. De préférence une bible en dure que les applications.

- Besoins financiers

Si l'évangile est gratuit, l'évangélisation elle, elle est payante. Pour cela, il y a de fois où l'argent devient important pour réaliser cette activité. Surtout dans le cas des activités des masses, de voyage missionnaire et évangélique. Dans l'évangélisation, on peut même avoir besoin d'imprimer certains tacts pour ceux qui reçoivent Jésus enfin de rester en contact pour le suivi. Nous aurons de fois de l'argent pour l'évangélisation, toute fois cela ne doit pas être la condition sine qua non ou l'obstacle pour l'évangélisation.

- Soucis

Le vrai souci dans l'évangélisation et surtout celle de grandes envergures comme dans les croisades ou les campagnes c'est le suivi des âmes gagnée. Les gens donnent leurs vies en Christ c'est bien et c'est vrai ; mais que deviennent leurs vies des jours, des semaines, des mois, voire des années après la rencontre ? le citoyen et citoyenne célestes doivent s'occuper et se préoccuper du devenir de ceux qui viennent en Christ.

IV.   Les quatre ennemis de l'homme (citoyen céleste), vaincus

Créé sans faille, à l'image de Dieu, puissant, gérant et dominant surtout (Genèse 1.26), l'homme, après sa chute, sa désobéissance, il a perdu ses qualités et son autorité qui faisaient de lui un être invincible. Après cette chute, il eut des ennemis qu'il n'avait jamais planifiés. Quoi que nombreux nous les avons classés en quatre à la lumière de la parole de Dieu dont :

Le péché
La mort
Le monde et
Le diable

Avant de continuer, nous devons nous mettre d'accord sur la définition de l'ennemi : « l'ennemi, c'est lui qui est en conflit avec, celui qui veut du mal à quelqu'un ». La parole de Dieu déclare : « soyez sobre, veillez votre adversaire le diable rôde comme un lion rugissant cherchant qui il dévorera ». 1pierre 5.8. L'homme déchut, étant coupé de sa source de force, il est devenu fragile et esclave de ses ennemis. Le péché étant entré, la terre fut maudite, la mort entrant puis le diable pris la domination du monde. Nous devons préciser que cela ne doit pas être sujet de confusion avec le sous-titre. Il s'agit bel et bien des ennemis de l'homme ; mais qu'il n'a jamais vaincu. C'est quelqu'un d'autre qui les a vaincus à sa place et lui propose et lui d'accorde cette victoire. C'est lui-là, c'est Jésus Christ. De par leur capacité de nuisance dans la vie de l'homme, le péché reste l'ennemi le plus puissant, c'est comme ça que la bible nous recommande de fuir le péché comme l'impudicité. Car elle reconnait sa capacité dévastatrice dans la vie de l'homme déchut. Et le diable est l'ennemi le moins puissant en réalité de l'homme quoi qu'il utilise les autres ennemis pour le rendre fort. Sans l'influence du péché, de la chaire (monde) et de la mort l'ennemi ne peut absolument rien. (1corinthiens 10.14, 6.18, Jacques 4.7, 1Pierre 5.8-9).

1. Le péché

Le péché, c'est la désobéissance à la loi de Dieu. Le cours de l'harmatiologie , qui est la doctrine sur le péché, le défini comme « manquer la cible » un peu pour dire « taper à côté ». Dieu a placé l'homme pour atteindre un but quelconque, il a placé devant lui une cible qu'il ne devait pas manquer. Mais hélas il y manque à tout moment. Déjà dans le jardin d'Eden, Dieu avait placé l'homme avec la femme pour dominer. Mais aussi Il avait placé une loi ; celle-ci consistait à ne pas manger le fruit de la connaissance du bien et du mal. La bible expose à ce sujet : « l'Eternel Dieu donna cet ordre à l'homme : tu pourras manger de tous les arbres du jardin ; mais tu ne mangeras pas l'arbre de la connaissance du bien et du mal, car le jour où tu en mangeras, tu mourras » Genèse 2.16-17.

Malheureusement l'homme a fait exactement ce que Dieu l'avait clairement interdit. Cette désobéissance amenant des conséquences néfastes. La plus lourde de toutes les conséquences demeure la séparation d'avec Dieu, par conséquent la mort ainsi que d'autres. Cette séparation d'avec le créateur source de sa domination, a renversée la situation. L'homme qui a été créé pour dominer et assujettir est maintenant dominé et assujetti. Il devient l'esclave d'un ennemi redoutable qui est le péché. Tous les efforts déployés par l'homme pour reprendre sa place initiale ce sont montrés vains et sans impacts face à cet ennemi redoutable, le péché. Cet ennemi est redoutable plus que le VIH/SIDA, plus contagieux que le virus EBOLA et plus mortel que COVID-19.

Il a réduit à néant l'homme et l'a séparé de Dieu. Paul l'explique dans l'épître aux romains « tous ont péché et sont privé de la gloire de Dieu ». La bible dans la version bible expliquée l'éclairci bien en disant : « tous ont péché et sont privés de la présence glorieuse de Dieu » Romains 3.23. Cet ennemi redoutable et dévastateur s'est malheureusement familiarisé avec l'homme ; de sorte celui-ci ne perçoit guère le danger. Et lorsqu'il fait semblant de le voir, c'est déjà tard de fois irréversible. Le péché c'est comme un cancer ; au début il est local et ne fait pas mal. Mais lorsqu'il commence à faire mal, nous avons déjà atteint le stade terminal ou vers le stade très avancé. Le problème avec le cancer c'est qu'il n'y a pas un traitement rassuré et la guérison ne reste toujours pas rassurante à 100 %.

Nous pouvons en outre définir le péché comme tout ce que nous faisons et que nous ne pouvons le faire lorsque les autres sont là. Ce que nous cachons parce que nous avons honte que les autres s'étonnent. Le péché c'est aussi tout ce que nous faisons et que dans notre cœur, nous nous lamentons, nous nous condamnons seuls. C'est tout ce que nous faisons sans la conviction. Pour mieux comprendre ce concept qui est le péché, nous allons l'aborder à la manière du cours de l'harmatiologie. Nous allons scinder le péché à deux niveaux : le péché d'Adam qui est lié à notre nature humaine ; car tous, nous sommes venus d'eux et les péchés qui sont des actes de désobéissance.

❖ Le péché d'Adam

La bible reste claire à ce sujet : « tous ont péché et sont privés de la gloire de Dieu » Romains 3.23. Ce péché est inné. Tout celui qui est né d'une femme est un pécheur. Qu'il soit bien éduqué ou mal éduqué, qu'il soit instruit ou non, riche ou pauvre, blanc, noir ou chinois, élevé en dignité ou non, il est pécheur ; et par conséquent condamné à la mort éternelle. Donc cette séparation d'avec Dieu. La parole de Dieu déclare : « selon qu'il est écrit il n'y a point de juste, pas même un seul ; nul n'est intelligent, nul ne cherche Dieu ; tous sont égarés, tous sont pervertis ; il n'en est aucun qui fasse le bien, même pas un seul. Romains 3. 10-12, Psaumes 14.1-3.

Dans ces conditions personne ne peut être sauvée, car la nature adamique nous plonge dans le mal éternel. Tous les efforts que les hommes peuvent déployer pour atteindre Dieu, seront vains et l'ont toujours été vains. Et ces efforts se sont soldés par les religions. Et celles-ci se résument par des dogmes et les interdits. Ceux-ci ne pouvant pas le sauver, ils le plongèrent encore dans les épaisses ténèbres ; sans issus. Ce péché aucune discipline, ni éducation ne peut l'enlever.

❖ Les péchés comme actes de désobéissance

Outre la nature pècheresse de ce corps mortel, nos actes sont coupables. Il faut retenir que les péchés comme actes de désobéissances se scindent à deux :

➢ *Les péchés par commission* : ce sont des transgressions de la loi de Dieu en faisant ce qu'il a interdit par sa parole. C'est ce type de péché qui est connu par tout le monde. Et ceux-ci sont clairement repris dans le décalogue ou les dix commandements que Dieu avait donné aux enfants d'Israël. Exode 20. Que ces péchés qu'ils soient volontaire c'est-à-dire délibéré par l'homme ou involontaires dû à la faiblesse de la chaire ils restent péchés. Qu'ils soient de manière consciente ou inconsciente ; par ignorance ou connaissance ils restent péchés. « Non la main de l'Eternel n'est pas trop courte pour sauver, ni son oreille trop dure pour entendre. Mais ce sont vos crimes qui mettent une séparation entre vous et votre Dieu, ce sont vos péchés qui vous cachent sa face et l'empêchent de vous écouter », dit la bible Esaïe 59.1-2.

➢ *Les péchés par omission* : souvent méconnus de beaucoup, ce sont les transgressions dues du fait de ne pas faire ce que Dieu autorise de faire ou a demandé de faire. Que cela soit ce que Dieu interdit ou ce qu'Il autorise c'est la désobéissance et par conséquent coupable. Ces péchés ainsi que leurs conséquences sont bien élucidés par l'histoire du Roi Saül dans la guerre contre les Amalécites. Saül est allé en guerre, il a remporté la guerre et les butins. Mais le problème c'est que Dieu avait voué par interdit ce peuple avec ces biens. Et Saül était bel et bien au courant de cette information 1 Samuel 15.3. En partant il va montrer à Dieu que, c'est lui qui est compatissant plus que Dieu. Il tue tout le monde, mais il laisse Agag le roi. Il tue tous les bétails mais il laisse des bœufs de bonne santé. Il a obéi mais il a obéi en partie, 1 Samuel 15.8-9. Mais la conséquence de cette désobéissance était la perte de son trône et plus tard sa vie et sa famille.   1 Samuel 15.11, 22, 25-26. Triste histoire, établie puis détrôné par l'omission. De la même manière, que les péchés par commission que cela soit volontaire ou involontaire, dans la conscience ou l'inconscience ils restent péchés.

   ❖ La victoire sur le péché

Depuis la chute de l'homme dans le jardin d'Eden, l'homme ne sut de lui-même revenir sincèrement à son créateur, à son Dieu. Cette séparation d'avec Dieu, l'a encore poussé d'une erreur aux erreurs. Jusqu'au jour où Dieu décida d'exterminer l'humanité avec de l'eau au temps de Noé l'homme continua toujours à vautrer dans les péchés. Dans cet époque un homme se distingua, c'était Noé et il trouve grâce aux yeux de l'Eternel. Plus tard le tour de Babel là où Dieu confondra les hommes leurs langues. Ainsi que d'autres exemples de la méchanceté de l'homme comme celui de Sodome et Gomor. Malgré la désobéissance, l'incrédulité et la méchanceté de l'homme, Dieu avait toujours et a toujours un plan du salut, un précieux plan de sauvetage.

Déjà dans le jardin d'Eden, Il tua un agneau pour couvrir l'homme et la femme déchut. C'est Dieu lui-même qui s'est approché vers eux alors que ceux-ci s'étaient retiré de Lui. Plus tard il va choisir un homme du nom d'Abram, père élevé pour faire de lui Abraham Père de multitudes, puis un peuple, celui d'Israël pour finir un jour à Bethléem par la naissance physique du Sauveur, du Messie. La Bible déclare de lui : « celui qui n'a point connu des péchés, il l'a fait devenir péché pour nous afin que nous devenions en lui justice de Dieu ». Romains 5.21. Notre désobéissance telle que la bible la dit, nous a séparée de Dieu, quoi que cela n'a été commis que par le premier couple qui était le représentant de l'humanité. Comme dit la bible « tous en péché et sont privés de la gloire de Dieu » la version Bible de Jésus Christ BJC l'explique autrement « tous ont péché et n'atteignent pas la gloire de Dieu ». Romains 3.23.

Nos efforts ne peuvent pas nous permettre d'atteindre Dieu. Pour résoudre cet énigme, Dieu a lui-même frayé un chemin vers l'homme. Ce chemin, lui l'a présenté « Je suis le chemin, la vérité et la vie… » Jean 14.6. C'est par lui et par lui seul que nous avons accès au Père. Et nous avons la victoire sur le péché que par le nom de Jésus-Christ. Sans complaisance, il donne quand même le type de chemin est-il ? un chemin resserré avec une porte étroite. Mais celle-ci contient la vie ; et la vie en abondance et éternelle. La victoire sur le péché consiste à avoir le fils de Dieu, le Seigneur Jésus-Christ comme Seigneur et Sauveur personnel de notre vie. Jean-Baptiste l'a présenté « Voici l'agneau de Dieu qui ôte le péché du monde Jean 1.29.

Toutes les cérémonies, confuses, fatigantes et surtout discriminantes de l'ancienne alliance sont tombées caduques. Il n'y a que Jésus qui a vaincu le péché. « Lui qui n'a point connu le péché, il l'a fait devenir péché pour nous, afin que nous devenions en lui justice de Dieu » 2 Corinthiens 5.21. C'est qui demeure vrai est que chacun fourni un effort de laisser le mal, de s'éloigner du péché ; mais cela est pratiquement ou complètement impossible. Si vous sentez fatigué et chargé venez à Jésus la victoire est assurée. Pour clore ce sujet il est important de savoir trois petites choses à ce sujet :

> Seul Jésus-Christ peut sauver du péché et il a les bras ouverts pour te décharger.
> Ne jamais protéger ni défendre le péché. Nous devons savoir que nous avons quelque fois un choix à faire soit d'accepter de perdre sa personnalité, notre dignité en exposant le péché, ou de le protéger et de le défendre en vue de garder son image propre. Mais le mieux à faire c'est d'exposer le péché car il est comme le cancer, il finit toujours par nous faire écrouler. Si nous évitons l'humilité, nous risquons l'humiliation. En outre le péché est une situation qu'on ne peut gérer. Si vous le gérer il vous surprendra.
> La discipline dans certains cas demeure plus qu'importante pour ne pas tenter Dieu, en disant que Dieu va me libérer toujours comme d'habitude. Quelqu'un a dit : « la vie chrétienne est toujours accompagnée de deux choses, les bonnes manières et la discipline ». La discipline dont nous parlons, elle fait allusion à des bornes et des limites qu'il faut placer pour ne pas tomber dans le filet de l'ennemi. Et cela demande la prudence, souvenez-vous de l'histoire de Dina fille de Jacob et Léa, qui par manque de prudence, elle sortit pour voir les filles du pays (Genèse 34), et elle fut déshonorée et cela a amené un massacre. Notre manque de prudence peut nous exposer à des choses qu'on ne s'y imagine pas. « Quand la prudence fait défaut, le peuple tombe… » Proverbe 11.14.

2. La mort

La mort n'est autre chose que l'absence de la vie. Après la création, Dieu dit au premier représentant de l'humanité ; à Adam « …le jour où tu mangeras, tu mourras » Genèse 2.17. Ces mots ou ces paroles sorties de la bouche de Dieu, ont été entendue par l'homme mais la mise en application a posé problème. Lorsque Dieu prononça ces paroles ne furent guère entendues par la femme qui, elle n'était pas encore créée. Quoi que l'ennemi soit rusé, le couple représentant n'avait pas le droit de désobéir. Mais hélas le couple s'est rendu coupable. En fait loin de nous l'idée de qui est le responsable entre l'homme et la femme car tous en désobéis quoi que la porte soit ouverte par la femme. Il semble vrai que le couple a sous-estimé l'ordre divin et précisément la femme pour deux raisons que nous osons les présenter :

➢ La femme n'était pas encore créée lorsque Dieu avait donné cette loi ; ce qui reste à dire et à comprendre que la femme a reçu les instructions de son mari qui était censé la communiquer les règles de jeu pour vivre dans ce beau jardin d'Eden. Par conséquent une information de seconde main, est peu prise en considération.

➢ Le couple n'a jamais vu la mort, ni un mort, il pouvait se poser les questions du type c'est quoi la mort ? à quoi ressemble-t-elle, pouvons-nous vraiment mourir ? ces questions étaient restées sans réponses même après la chute ; jusqu'au jour où après avoir mis au monde deux fils, le couple viendra remarquer le corps de l'un de ses fils sans vie. C'est là que pour la première fois dans le parcours de l'humanité une chose étrange et d'office incontournable va entrer. Cette chose c'est la mort. Depuis, la vie se définie autrement pour l'humanité. Elle commence par la naissance et se termine par elle. La mort devient alors le deuxième ennemi le plus puissant de l'homme. Elle marche sur l'homme comme elle entend. Chacun de nous se pose des milliers de questions à ce sujet mais sans réponse. Les hommes d'autres fois se sont posés des questions mais sans suite. La mort est devenue non seulement l'ennemi mais aussi un mystère à percer.

➢ Types de mort

Avant même d'aborder ce sujet, il faut savoir que la mort est une conséquence de la désobéissance. C'est péché qui a amené la mort. « Puis la convoitise lorsqu'elle est conçue, enfante le péché et le péché étant consommé produit la mort » Jacques 1.5. Dieu nous avait créé pour vivre éternellement avec Lui, mais c'est le péché qui a amené une séparation d'avec Lui. Il faut savoir qu'il existe deux types de la mort. Nous avons la mort physique et la mort spirituelle qui est la séparation éternelle d'avec Dieu.

- o *Mort physique* : après la chute, Dieu a présenté la sanction qui était réservé à l'homme déchut. « C'est à la sueur de ton visage que tu mangeras du pain, jusqu'à ce que tu retournes dans la terre, d'où tu as été pris, car tu es poussière, et tu retourneras dans la poussière ». Genèse 3.19. La mort d'Abel a démontré qu'elle est une réalité de la vie. Personne n'y échappe. Chacun de nous n'est étranger à cette réalité. Que nous soyons chrétiens ou nous, idiot ou savant, riche ou pauvre, la mort physique ne pas évitable. Le monde malgré son évolution les domaines de la médecine n'a pas su arrêter la mort. Les circonstances de celle-ci étant variées et sa venue imprévisible que personne ne capable de s'abstenir. Depuis l'histoire de l'humanité, peu d'homme n'ont pas expérimenté cette réalité mystérieuse. La bible par de deux personnes qui n'ont pas subi la mort, Hénon qui fut enlevé au ciel après avoir marché en intégrité avec Dieu. « Hénoch marcha avec Dieu ; puis il ne fut plus, parce que Dieu le prit ». Genèse 5.24.

La deuxième personne fut Elie le prophète qui fut pris par un char céleste sous les yeux d'Elisée. « Comme ils continuaient à marcher en parlant, voici, un char de feu et des chevaux de feu les séparèrent l'un de l'autre, et Elie monta au ciel dans un tourbillon ». 2 Rois 2.11. Mais le reste de ces grands héros de la foi que la bible présente ont fini par mourir, c'est la conclusion de la vie de chaque jour et de chacun. Et Christ Lui-même est mort enseveli puis ressuscité le troisième jour. Nous devons tous s'attendre à cette énigme.

- o *La mort spirituelle ou la seconde mort* : elle consiste à une séparation d'avec Dieu, un éloignement de l'homme déchut avec son créateur et l'homme incorrigible se trouvera dans un étang de feu à jamais. La bible dit dans le livre de Romains 3.23 « tous ont péché et sont privé de la gloire de Dieu ». Le péché a condamné l'humanité à une mort certaine, et éternelle ». C'est la mort de l'âme et de l'esprit. Sachant que l'homme est tripartite (le corps : soma, l'âme : psyché et esprit : Rhô) sachons que la mort physique concerne le corps et la mort spirituelle concerne les deux aux autres compartiments. Jésus dit : « Ne craignez pas ceux qui tuent le corps et qui ne peuvent tuer l'âme ; craignez plutôt celui qui peut faire périr l'âme et le corps dans la géhenne ». Matthieu 10. 28.

Nous comprenons que la mort ne se limite pas seulement à la perte de la respiration et de l'activité cardiaque ; mais aussi à la perte de la présence glorieuse de Dieu. La bible déclare : « Mais pour les lâches, les incrédules, les abominables, les meurtriers, les impudiques, les enchanteurs, les idolâtres et tous les menteurs, leur part sera dans l'étang ardent de feu et de soufre, ce qui est la seconde mort ». Apocalypse 21.8

➤ La victoire sur la mort

La puissance que détenait la mort sur l'homme sur la terre était incomparable jusqu'au jour où Dieu décida de sauver l'homme par son amour infini et sa grâce immuable. La perdition éternelle que mérite l'homme s'est transformée en une occasion de sauvetage par cet amour sans pareil de Dieu envers l'homme. « Car Dieu a tant aimé le monde qu'il a donné son fils unique afin que quiconque croit en Lui ne périsse point mais qu'il ait la vie éternelle ». En Jésus-Christ nous avons la victoire sur la mort, la mort ne peut plus nous faire peur car nous avons la vie en nous, et celle-ci est éternelle. « Je vous ai écrit ces choses, afin que vous sachiez que vous avez la vie éternelle vous qui croyez au nom du fils de Dieu » 1jean 5.13. Nous sommes donc possesseur de la vie éternelle et nous ne pouvons-nous réduire devant cet ennemi quoi qu'autre fois redoutable qui soit la mort. Elle a perdu sa puissance, sa fierté son orgueil légendaire. Paul cris dans son épitre aux corinthiens « o mort, où est ta victoire ? où est ton aiguillon ? » 1corinthiens 15.55.

La mort n'a plus de pouvoir sur nous qui avons cru en Jésus-Christ fils de Dieu. La mort et la résurrection de Jésus-Christ nous ont donné la victoire sur elle. Déjà notre Père Abraham donna son Fils Isaac, la bible déclare qu'Il croyait dans son cœur que Dieu allait le ressusciter de mort. Jésus dit à Marthe au sujet de son frère Lazare : « Je suis la résurrection et la vie. Celui qui croit en moi vivra, quand même il serait mort ». Oui la foi en Jésus-Christ Fils unique de Dieu, est une victoire sur la mort car la résurrection est en nous. Si nous mourions en Christ nous ressusciterions avec lui dans la gloire. Il y a même ceux qui ne mourrons pas mais ils seront changés. « Ainsi donc, puisque les enfants participent au sang et à la chair, il y a également participé lui-même, afin que, par la mort, il anéantît celui qui a la puissance de la mort, c'est-à-dire le diable, et il délivrât tous ceux qui, par crainte de la mort, étaient toute leur vie retenus dans la servitude ». Hébreux 2.14-15. Nous sommes rassurés que Jésus nous a donné cette victoire sur cet ennemi redoutable qui est la mort. Sa venue sur la terre a détruit la mort et la vie éternelle est dans nos entrailles. « et qui a été manifestée maintenant par l'apparition de notre Sauveur Jésus Christ, qui a détruit la mort et a mis en évidence la vie et l'immortalité par l'Evangile ».

3. Le monde

Lorsque nous parlons du monde, nous ne le définissons pas comme l'ensemble des choses et des êtres qui existent ; moins encore comme la terre sur laquelle l'on vit. Quoi que cela soit parmi les définitions classiques de ce mot. Mais nous la définissons comme l'ensemble des richesses qui nous entoure, c'est la gloire vaine de l'homme. Ce sont des titres que nous portons, plus encore comme l'ensemble des systèmes établis. Le monde c'est nous sans Dieu. Ce monde est un ennemi pas le moindre, il est même puissant que le diable. Jésus priant pour les disciples, Il suppliant son Père à garder ces disciples car ceux-ci ne sont pas du monde. Jean 17 ; ce monde est ténébreux, plein des choses qui nous éloignent de Dieu. Nous devons retenir que ce monde passera dans un fracas. L'attachement dans ce monde nous expose au rejet du Seigneur. Le monde ne se donne qu'un objectif de t'éloigner de Dieu. En nous proposant des choses, des postes, la célébrité, la gloire… Ne jamais perdre de vue que le monde reste un ennemi.

Parlant du monde, nous le présentons à deux niveaux :

➢ *La chaire avec ses désirs,* il faut noter que pour aller en enfer, nous n'avons pas toujours besoin de l'ennemi, notre chaire nous poussant aux péchés nous conduira seule vers ce lieu que Dieu n'a jamais prévu pour aucun homme. « Mais chacun est tenté quand il est attiré quand il est attiré et amorcé par sa propre convoitise » Jacques 1.14. Le dictionnaire français définit le désire comme « vouloir un bien ou un avantage que l'on n'a pas ». Mais lorsque nous l'abordons en rapport avec la chaire, nous allons dans plusieurs directions.
  - Les désirs de posséder toute la richesse du monde, la bible parle de la cupidité. Les hommes sont prêts à tout faire au périr de leur âme pour rouler carrosse, pour effectuer les voyages les plus impressionnants, pour avoir une position, un avantage bref la richesse. Dans le livre de Colossiens Paul parle au chapitre troisième dans son verset cinquième en ce terme « Faites mourir tout ce qui, dans votre vie, appartient à la

terre c'est-à-dire : l'inconduite, l'impureté, les passions incontrôlées, les désirs mauvais et la soif de posséder qui est une idolâtrie ».

- Les désirs charnels qui fait allusion à l'envie sexuelle. En se référant toujours au dictionnaire français, ils sont présentés comme une envie de faire l'amour avec une personne. Au départ cela ne pose aucun problème si ceux-ci sont contrôlés et orientés vers la personne choisie et avec qui nous avons le droit de le faire. Seulement dans la plupart de cas, ces désirs sont incontrôlés et vers des personnes ou des choses non désignées. Aujourd'hui par le principe de la liberté, les désirs des hommes ont dépassé les limites prévues par le créateur. Nous avons actuellement, toute sorte d'unions, loin de mois la pensée des jugeries, néanmoins tous impuissant nous assistons à l'écroulement des relations juste pour satisfaire les désirs de certaines personnes qui doivent être satisfaites à tout prix au nom de l'inconnu principe. Les désirs dont on parle va de l'impudicité, l'adultère à l'homosexualité dans toutes ses formes, en passant par la pédophilie, la zoophilie, les rapports avec le humanoïdes etc… toutes ces choses bien que plébiscitées par la société actuelle, demeurent en horreur devant Dieu. Le problème est que les pour cacher leurs faiblesses, ils cherchent des versets bibliques mal interprétés pour les appuyer. Romains 1.27 « et même les hommes, abandonnant l'usage naturel de la femme, se sont enflammés dans leurs désirs les uns pour les autres, commettant homme avec homme des choses infâmes, et recevant en eux-mêmes le salaire que méritait leur égarement ».

➤ Le deuxième niveau c'est la gloire ; souvent le monde est d'abord présenté par rapport à sa gloire. Cela me rappelle la rencontre entre Jésus et le diable, le Maître après les quarante jours il croise l'ennemi, il y eut un échange des mots. La bible dit « le diable le transporta encore sur une montagne très élevée, lui montrant tous les royaumes du monde et leur gloire » Matthieu 4.8. La gloire est un aliment empoisonnant si elle est préparée dans la cuisine humaine, par contre elle devient un mets délicieux si c'est dans la cuisine de Dieu que cela a été préparé car elle nous revient sous forme de la grâce à consommer sans modération. La gloire étant une renommée brillante, universelle, elle est toujours la conséquence d'une action hors normes, un exploit. Ce qui attire les hommes à donner toutes ces ovations. Le mal c'est que toute gloire sans rendre à Dieu cause des dégâts énormes. Un jour Hérode étant bien vêtu se tenant devant le peuple et fit un discours. Après ce discours le peuple s'écria : voix d'un dieu et non d'un homme. La suite fut fatale pour lui car il mourut sur le champ Actes 12.21-22. En matière de la gloire il y a toujours quelqu'un qui pousse son bouchon un peu loin. La gloire reste l'ennemi de l'homme et sans le discernement on s'éloigne peu à peu à Dieu.

- ➤ Victoire sur le monde : Le Seigneur nous laisse une Parole d'encouragement et de confirmation. « Je vous dit ces choses, afin que vous ayez la paix en moi. Vous aurez des tribulations dans le monde ; mais prenez courage, j'ai vaincu le monde ». Jean 16.33. Par ces mots nous pouvons nous rassurer qu'en Jésus nous avons vaincu cet ennemi, car en Lui nous sommes, pour Lui nous vivons.

4. Le diable

Cet ennemi de l'homme, est le plus faible mais le plus actif de tous. Il faut retenir que si les autres ennemis sont forts, lui, il est l'unique qui peut se déplacer vers l'homme. Il les utilise tous à son avantage. Tant que l'homme ne commets d'erreurs, l'ennemi n'aura aucun plan. Parlant de cet ennemi, il faut signaler qu'il est organisé et même bien organisé pour détruire. Il serait irréfléchi de nier ou de sous-estimer sa puissance, mais aussi de l'exagération de surestimer celle-ci. Ce livre n'ayant pas pour but de décrire le diable, nous allons nous pencher sur deux discours de la Bible (Jésus et Pierre) à son sujet.

Premièrement dans le livre de Luc, Jésus parle à un de ses disciples en ce termes « …*Simon, Simon, Satan vous a réclamés, pour vous cribler comme le froment* » **Luc 22.31** ; la vérité dans cette histoire est que Pierre ignore complètement le plan ignoble de l'ennemi. Il marche et vit comme si rien n'était, pendant ce temps l'ennemi monte des stratégies pour le détruire. Il connait la valeur de Pierre, il est conscient de la force que va dégager Pierre, il combat. Nous ignorance du combat ne nous dédouane de ce dernier. Le diable n'aura qu'un seul but dans ta vie te détruire pour que tu n'hérite point le bonheur éternel réservé par Dieu pour toi. **Jean 10.10** *« le voleur ne vient que pour dérober, égorger et détruire ; moi je suis venu afin que les brebis aient la vie, et qu'elles soient dans l'abondance »*. Il est important de se mettre dans la tête que nous ne sommes pas seul, non seulement le Seigneur Jésus nous accompagne mais l'ennemi aussi rôde. Cette conscience doit nous pousser à vivre sans relâche attaché au Seigneur ; l'obéissant, le louant, l'adorant. Cela doit aussi nous mettre dans la position des prières. Au verset suivant de Luc, Jésus explique à Simon pourquoi il n'a rien senti ou il ne s'est pas rendu compte ; c'est tout simplement la prière de Jésus à sa faveur. 1Thessaloniciens 5.17 « Priez sans cesse ».

Deuxièmement, *« Soyez sobres, veillez. Votre adversaire, le diable, rôde comme un lion rugissant, cherchant qui il dévorera »*. **1 Pierre 5.8** ; l'ancien Pierre nous rappelle quelque chose que nous avons tendance à oublier. Et soit dans la joie ou la tristesse, nous avons souvent oublié l'existence de cette réalité qui est le diable. Il nous recommande d'être sobres. Ce mot fait allusion à plusieurs définitions, néanmoins moi je retiens deux ; c'est où on n'est pas dans les excès de table… en réalité l'ennemi part de ce qui est naturel pour en créer les excès. Aussi puissant que peut être l'œuvre du salut, cela passe dans les limites voulues par Dieu. Le manger est naturel, le boire l'est aussi mais lorsque le manger et le boire deviennent un sujet des excès, c'est là que nous nous exposons à l'ennemi qui est à côté. Cette définition nous rappelle que le chrétien a ses limites. Au-delà desquelles, il s'expose dangereusement à l'ennemi. Dans le même sens presque ce mot veut aussi dire « qui ne consomme pas des psychotropes, en particulier l'alcool ». L'apôtre reconnais ce que l'alcool peut faire ; en s'y donnant, on risque d'ouvrir la porte à l'ennemi qui n'attend que ça et qui ne pas fatigué de rôdé. Si tu veux lâcher prise, sache que le diable n'a pas cessé de rôder autour. Pour finir dans cette première définition, l'explication première de cette définition nous permet de conclure, sobre c'est celui qui est tempérant dans le boire et dans le manger.

En deuxième lieu, dans le sens figuré c'est celui qui est discret, modéré, qui ne vise pas à l'éclat. La parole de Dieu nous exige d'être discret. De fois nous sommes nous-mêmes auteurs de nos combats. Si certaines choses n'étaient pas dites, elles ne seraient combattues. L'ennemi ne connais pas tout, ce domaine de tout connaitre est exclusivement réservé à Dieu. C'est son omniscience. Et donc l'ennemi n'a accès à nos problèmes seulement quand l'on lui donne cette information. Mais une fois une action est posée, il a accès de voir ça. Autre chose, il nous est recommandé d'éviter les éclats, les choses qui attirent le regard des hommes. Cela sans le vouloir peut nous attirer les combats imprévus. Et donc l'ennemi rodant, il sera sage à chacun de prendre une attitude qui ne l'expose à l'ennemi.

➤ Victoire sur le diable : 1 Jean 2.13-14, reprend en deux reprises que nous avons vaincu le malin. Cette assurance nous vient de celui qui a dépouillé toutes les dominations en le livrant en spectacles par l'œuvre de la croix. En Jésus par son sang nous avons été libéré et gagné la bataille qui tous les efforts, disciplines, dogmes et religions établis n'ont pas pu des millénaires durant. Christ vient, il ne couvre pas mais ôte non seulement le péché, mais il dépouille l'ennemi de sa force. Victoire Jésus a vaincu pour nous.

Si Tu n'étais là

Si Tu n'étais pas nous serions criblés comme le froment
Si Tu n'étais pas là nous serions engloutis en ce moment
Si Tu n'étais pas là, les Egyptiens nous auraient gardés captifs
Si Tu n'étais pas là, la mer nous aurait submergé
Si Tu n'étais pas là, que serait la suite de la muraille de Jéricho
Si Tu n'étais pas là, que serait la suite de Goliath
Si Tu n'étais pas là, le fou de Gadara resterait prisonnier de son état
Si Tu n'étais pas là, la femme au sang coulant resterait prisonnière de son état
Si Tu n'étais pas là, Pierre continuerait à pécher les poisons
Si Tu n'étais pas là, Paul resterait Saul
Si Tu n'étais pas là, le péché régnerait sur nous
Si Tu n'étais pas là, la mort dominerait sur nous
Si Tu n'étais pas là, le monde nous aurait dicté avec une main de fer
Si Tu n'étais pas là, le diable nous aurait imposé l'enfer
Jésus si tu n'étais pas là, nous serions morts dans nos péchés
Jésus maintenant que Tu es là, nous sommes sans péché

V.   Conclusion

J'avoue ici qu'en voulant conclure un tel sujet, je suis presque hésitant en se disant si j'aurais dû le faire. Ce livre n'est pas celui d'un grand prédicateur ou homme de Dieu avec beaucoup d'expériences. Ce n'est pas non plus un livre d'un théologien avéré, moins encore d'un éminent écrivain. C'est juste quelques phrases qu'un enfant de Dieu, un chrétien convaincu par le Saint-Esprit et au regard de la lecture et méditation de la parole de Dieu ainsi que la lecture de certains livres des aînés, que nous osons nous exprimer. Pourquoi citoyen (ne) céleste ? c'est parce que c'est ce que nous sommes devenus, du moins pour ceux qui le sont vraiment (ceux qui ont reçu le Seigneur Jésus comme Seigneur et Sauveur). Ce livre aborde en quatre points l'endroit promis, la nature et l'identité, les missions ainsi que les ennemis du citoyen ou de la citoyenne céleste. Ce rappel qui découle de la promesse de Jésus à ses disciples laquelle il est parti nous préparer une place. Cette place tant convoitée par l'ennemi, est un lieu plus que tout ce que nous avons vu et verrons sur cette terre des hommes.

Il serait facile qu'après avoir reçu le Seigneur, que nous puissions nous retrouver au ciel, mais hélas, nous sommes encore vivants sur cette terre avec le même corps, le même environnement qui autre fois nous était un piège ; et d'ailleurs qui demeure et devient encore farouche. Comme Jésus lui-même dit : … ils sont dans ce monde… » cet expression confirme notre présence dans ce monde et Jésus est conscient que nous sommes nous exposés à plusieurs dangers.

 Mais aussi il nous est donné les missions dont nous avons abordé en deux : l'adoration et l'évangélisation. L'évangélisation comme mode de recrutement des adorateurs (citoyen et citoyenne céleste) et l'adoration comme service éternel que nous allons effectuer devant le Père dans ce ciel promis. En outre nous abordons les ennemis qui veulent à tout prix voire l'homme tomber, le péché, la mort, le monde et le diable.

le mercredi, 12/2019

Jimmy MPATO MANGA

Printed by Books on Demand GmbH, Norderstedt / Germany